LA VIE DE
STENDHAL

par

PAUL HAZARD

nrf

22e édition

LIBRAIRIE GALLIMARD

PARIS 3, rue de Grenelle 1928

LA VIE DE
STENDHAL

8° Lm² 62846

STENDHAL

d'après un portrait appartenant à
M. Clovis Bucci de Civita-Vecchia.

VIES DES HOMMES ILLUSTRES — N° 11

LA VIE DE

STENDHAL

par

PAUL HAZARD

nrf

22e édition

LIBRAIRIE GALLIMARD

PARIS 3, rue de Grenelle 1928

IL A ÉTÉ TIRÉ DE LA PRÉSENTE ÉDITION QUATRE CENT
QUATRE-VINGT-DIX EXEMPLAIRES SUR VÉLIN PUR FIL
DES PAPETERIES LAFUMA-NAVARRE, DONT QUINZE
EXEMPLAIRES HORS COMMERCE MARQUÉS DE a A O ET
QUATRE CENT SOIXANTE-QUINZE EXEMPLAIRES NUMÉ-
ROTÉS DE 1 A 475 ; VINGT-SIX EXEMPLAIRES SUR JAPON
IMPÉRIAL DONT VINGT-CINQ EXEMPLAIRES MARQUÉS
A A Z ET UN EXEMPLAIRE HORS COMMERCE MARQUÉ
HC. A.

TOUS DROITS DE REPRODUCTION, DE TRADUCTION ET
D'ADAPTATION RÉSERVÉS POUR TOUS PAYS Y COMPRIS
LA RUSSIE, COPYRIGHT BY LIBRAIRIE GALLIMARD, 1927

PREMIÈRE PARTIE

LES ANNÉES D'APPRENTISSAGE D'HENRI BEYLE

CHAPITRE PREMIER

Tout dépend de la façon de prendre le départ, comme vous savez.

Lorsqu'Henri Beyle naquit, le 23 janvier 1783, à Grenoble ; dès qu'il cessa d'être un gros poupon chauve, grimaçant et bavant, pour bégayer ses premiers mots ; quand il perça sa première dent, mit sa première culotte, fit sa première sortie, s'instruisit pour sa première communion : toutes prêtes, vigilantes, impérieuses, l'attendaient les Puissances Régnantes et les Autorités Établies, promptes à le saisir et à le modeler, chacune à sa façon. Il y avait la vieille ville provinciale : tu marcheras droit dans les rues, car au coin de chaque fenêtre, un rideau se lève au bruit de tes pas ; tu seras sage, prudent, convenable, bien élevé ; si tu jettes un caillou, si tu voles une pomme, grand Dieu ! qu'en dira-t-on ?... — Il y avait la famille. « La Providence nous protège », disait son père, Chérubin Beyle, l'avocat au Parlement. « Elle nous envoie un garçon : qu'elle soit bénie ! »

Et songeant à l'avenir, il regardait avec amour
son premier né. Le petit Henri deviendrait avocat ; il finasserait avec les paysans pour gagner,
volupté de la vie, dix écus sur une vente ; considéré dans sa paroisse, bien pensant, bien renté,
bien marié, il serait la vivante réplique du plus
intelligent et du meilleur des hommes, Chérubin.
La tante Séraphie approuvait ; sauf qu'étant vieille
fille, et tournant à l'aigre, elle penchait davantage pour la sévérité et pour la dévotion.

Les professeurs aussi s'en mêlaient, dûment
choisis par les maîtres et seigneurs. Ce fut d'abord
un pédant montagnard, qui s'appelait Joubert ; il
portait une redingote noire, sale et déchirée, il avait
cinq pieds six pouces : et quand il se penchait
sur l'enfant, vous auriez dit l'Ogre et le petit Pou-
cet. L'abbé Raillanne lui succéda, mince, maigre,
pincé, très soigné de sa personne ; les sourcils en
broussaille et l'œil faux. Il aimait les orangers, qu'il
élevait dans des caisses ; et les oiseaux des Canaries,
qu'il avait installés dans une grande volière, au pied
du lit de son élève : mais il n'aimait pas les enfants. Il voulait que le jeune Henri apprît la
grammaire par cœur, et devînt un bon humaniste,
capable de composer un poème latin sur la mouche qui se noie dans une tasse de lait ; qu'il ne
discutât jamais ; qu'il fût mesuré dans ses gestes,
timide dans ses pensées, habile dans ses propos,
discret, insinuant, glissant, semblable enfin au
plus parfait des hommes, l'abbé Raillanne, s'il
vous plaît.

Il n'était personne, en vérité, qui ne prétendît lui imposer telle façon de penser ou d'agir, telle habitude ou telle manie : sans compter les aïeux lointains, qui lèguent leur chair et leur sang, leurs vertus et leurs tares : mais pour ceux-là, on ne sait plus. Même les humbles qui ne détenaient que l'ultime parcelle du pouvoir, même le valet Lambert et la servante Marion, essayaient de mettre leur marque sur le fils du maître, quand il pénétrait dans la cuisine où ils régnaient, dernier domaine. Même les amis de la famille, l'arrêtant au coin de la rue et lui pinçant l'oreille, cherchaient à l'entreprendre : et jusqu'à ce monsieur Barthélémy d'Orbane, qui lui enseigna pour toute sa vie l'art de faire des grimaces, parce que lui-même les faisait bien. Ainsi la société se perpétue ; ainsi les êtres humains, pour ne pas sombrer tout entiers, se raccrochent aux petits enfants.

Mais il se défendait, vaille que vaille ; et n'étant pas de ceux qui viennent au monde pour imiter Pierre, Jacques, ou Paul, il résistait à tous ces géants familiers, prêcheurs d'exemples et donneurs de conseils. Il luttait, ma foi, de toutes ses forces ; à mesure qu'il prenait conscience de lui-même, surgissaient dans son cœur des amours et des haines que personne ne lui avait apprises, première forme de sa liberté.

Tout l'amour était pour sa mère, apparition tendre que la mort effaça quand il avait sept ans ; et pour les Gagnon, clan maternel. La grand' tante Elisabeth est vieille et ridée ; on se moque

un peu d'elle dans la famille, à cause de son caractère **ro**manesque et exalté, à l'espagnole : peu
importe, elle est de sa préférence. De sa préférence
est le grand-père Gagnon, qui habite une maison
cossue, au coin de la Grande Rue et de la place
Grenette ; autrement belle que l'appartement de
la rue des Vieux Jésuites, où demeure Chérubin,
et qui sent l'humide, le moisi. Rue des Vieux
Jésuites, tout est laid, l'escalier suintant, la porte
verrouillée, le triste couloir, les pièces sans lumière ;
mais place Grenette, c'est là qu'on entre au pays
des merveilles. Ce salon à l'italienne, cette bibliothèque, ces étranges cailloux qui se prélassent
dans une vitrine, et cette treille sur la terrasse :
peut-on supposer, à Grenoble ou dans le vaste
monde, plus beau royaume pour un enfant ? La
treille et la terrasse font son bonheur. Au coucher
du soleil, on y entend les cloches de Saint-André,
ou le bruit des servantes qui pompent sur la place ;
et la nuit, le grand-père Gagnon appelle par leur
nom toutes les étoiles. Car vous saurez qu'il n'est
pas le premier venu ; il a passé pour le meilleur
médecin de Grenoble, en son temps ; les gens de
la ville le saluent avec respect, et il répond par
un petit signe amical. Il porte une perruque à
trois rangs de boucles ; son petit tricorne n'est
jamais sur sa tête, et toujours sous son bras gauche, c'est sa manie. Personne n'est aussi savant ;
il a fait le pélerinage de Ferney, et le buste de
Voltaire, roi des philosophes, occupe la place
d'honneur sur sa cheminée : il est pour le progrès,

pour les lumières. Le petit Henri veut bien adopter le grand-père Gagnon.

Par contre, il déteste la tante Séraphie, grande Inquisitrice ; et ses professeurs en général ; et l'abbé Raillanne en particulier ; et leurs amis ; et leurs alliés ; et tous les intrus qui veulent s'arroger des droits sur sa personne.

Tes père et mère honoreras...

Pas du tout : il déteste son père, Chérubin. Et rien n'y ferait ; et vous auriez beau le sermonner, lui faire honte, lui dire que tous les petits garçons aiment leur père ; vous auriez beau le battre : Henri Beyle déteste son père, Chérubin. Ce n'est pas encore une haine agressive et manifeste : c'est un instinct profond.

L'enfant a entendu prononcer des mots qu'il n'a pas bien compris ; il a saisi des phrases inquiètes. Un matin, penché à la fenêtre, il a vu s'avancer dans la rue une vieille femme très sale, qui criait : « Je me révorte ! Je me révorte ! » Peu de temps après, un homme couvert de sang, qui s'appuyait sur deux de ses camarades, est passé à son tour. Ces événements extraordinaires s'appellent une révolution.

La famille était bourgeoise, amie des principes qui soutiennent la société, et qui permettent aux avocats d'arrondir paisiblement leur pécule : aussi crut-elle voir arriver la fin du monde, et l'abomination de la désolation. Pendant la Terreur, Chérubin fut bel et bien mis sur la liste des suspects,

et dut se cacher, ou faire semblant ; et l'on abri-
tait aussi des prêtres, suspects comme lui ; et les
femmes priaient, en pleurant. Jamais Henri Beyle
ne s'était senti plus heureux. D'abord il avait en
horreur ces fugitifs, qui dévoraient gloutonne-
ment du petit salé : les gens qui mangent à grand
bruit de mâchoires, il n'a jamais pu les sentir.
Puisque la Révolution les traquait, vive la Révolution ! L'abbé Raillanne était déconfit, Chérubin
tremblait de peur : vive la Révolution ! Heureux
les polissons qui braillaient la Carmagnole ! Heureux les enfants qui s'exerçaient sur la place Grenette, soldats des bataillons de l'Espérance ! Un
soir il s'échappa, se faufila, entra au Club des
Jacobins, où péroraient quelquefois des petits
Brutus de son âge. Il fut dégoûté : car s'il n'aimait
pas les mâchoires qui claquent, il n'aimait pas
non plus l'odeur des gens qui ne se lavent pas.
Mais l'escapade était belle : vive la Révolution !
Il est vrai qu'il changeait quelquefois de parti,
et qu'on le vit comploter contre l'Arbre de la
Liberté ; l'essentiel était de s'agiter, de s'émouvoir,
de s'opposer à quelque chose ou à quelqu'un, et
de se sentir vivre,

Plus on le surveillait, plus on le couvait, et plus
il se rebellait, tout doucement ; plus il s'habituait
à croire le contraire de ce que lui enseignaient
ses parents et ses maîtres. On m'ennuie tous les
jours, pensait-il, en me prêchant la religion, la
vertu, la morale : il faut donc que ce soient là choses odieuses et fausses : si elles étaient vraies,

prendrait-on tant de peine à me les faire croire ?
si elles étaient aimables, prendrait-on tant de
peine à me les faire aimer ? — « Je suis étonnée »,
disait au docteur Gagnon la tante Séraphie, « de
l'indulgence que vous témoignez à ce garnement.
Son caractère est atroce. Il était encore au berceau,
qu'il a mordu la joue de Madame Pison-Dugalland,
qui voulait l'embrasser. Il n'avait pas trois ans,
qu'il faillit tuer Madame Chenavaz, qui passait
dans la rue, en laissant tomber un couteau du
haut de votre balcon. Il finira sur le gibet, ou
sur l'échafaud, comme vous dites à présent ».

*
* *

Le docteur Gagnon étant au nombre des citoyens
qui se sont chargés d'organiser l'Ecole Centrale
de Grenoble, il faut lui abandonner Henri. Ce sont
encore les républicains de Paris, les philosophes,
qui ont imaginé ces Ecoles centrales, à la place
des collèges du bon vieux temps. Dieu sait quelles
absurdités les enfants vont y apprendre ! Du latin,
si peu que rien ; du dessin, de l'histoire, beaucoup
de sciences, et même du droit, à leur âge ! Tant
pis ; risquons l'aventure. D'ailleurs la France n'a
pas l'air de revenir vite aux saines maximes ; et,
il est dangereux de bouder le gouvernement.

Quand il entre à l'Ecole Centrale, au mois de
novembre 1796, Henri Beyle a treize ans ; et seize,
quand il en sort. C'est l'âge ingrat ; c'est le temps
où les jeunes hommes prennent en pitié ceux qu

les ont précédés, et qui ont si mal fait le monde,
il faudra tout recommencer ; où ils sont insolents
anxieux, fiers, dégoûtés, stupides ; où la plante
humaine, travaillée par la sève qui monte, s'étonne
des pouvoirs obscurs dont chaque jour l'enrichit.
C'est le temps où Beyle grandit, grossit, se trans-
figure, s'enorgueillit de la redingote grise qui le
fait ressembler à un homme, et cherche à voir
dans les glaces les premiers poils de son menton.
Tous les matins il se rend à l'Ecole centrale, pour
dessiner la tête de Cicéron, calculer le volume
d'une pyramide, ou écouter M. Dubois Fontanelle, qui jadis eut des succès dans la littérature,
à Paris. M. Dubois Fontanelle parle non pas des
Grecs et des Romains, mais des auteurs français ;
et même d'un Anglais, nommé Shakespeare, dont
les tragédies contiennent des horreurs et de sublimes beautés.

A l'adolescent, chaque jour apporte une surprise, une révélation. Les livres, maîtres sévères,
visages fermés, deviennent des amis qui font
réfléchir ou rêver : on pleure, on pleure à chaudes
larmes, en lisant la *Nouvelle Héloïse*. Des livres
permis, on passe aux livres défendus ; le docteur
Gagnon voit bien que son petit-fils rôde dans sa
bibliothèque, et prend tantôt les *Contes* de La Fon-
taine, tantôt *Felicia ou mes fredaines* ; mais il
détourne les yeux.

Une autre fois, c'est la révélation du théâtre :
Henri est bien jeune, mais il peut aller voir *Le
Cid* ; *Le Cid* est une pièce classique, donc inoffen-

sive. Comme Chimène est héroïque et tendre !
Comme elle est belle, dans sa robe de satin bleu,
dans des souliers de satin blanc ! Le Cid manie si
gauchement son épée, qu'il risque de crever l'œil
de Don Diègue : mais qu'importe à l'ingénu qui
admire ? En ce moment, le réel n'existe pas pour
lui ; il méprise la terre ; il est entré dans un
monde sublime, qu'il n'oubliera plus, et que son
désir hantera toujours.

Les montagnes, on ne les voyait même pas
tant elles étaient familières : voici qu'on les découvre et qu'on les aime. La propriété de Chérubin,
à Claix, n'était que la campagne : maintenant, elle
devient la nature. L'oncle Romain Gagnon, le fils
du docteur, le frère de Séraphie, n'était qu'un oncle :
il devient personnage d'importance et grand premier
rôle : car on apprend qu'aucune beauté grenobloise
ne lui résiste, que les femmes l'adorent : et donc, une
auréole s'inscrit autour de son front. La petite Pauline n'était qu'une sœur, qu'une fillette bonne à
taquiner : avec le temps, elle est promue à la
dignité de confidente ; et les deux amis, Henri
et Pauline, se retournent contre la sœur dernière
venue, Caroline Zénaïde, menteuse, rapporteuse,
indigne de dénouer les cordons de leurs souliers.

Mais quel trouble le saisit ? Pourquoi se met-
il à rougir, lorsqu'on parle de Mademoiselle Cubly,
qui chante au Grand Théâtre ? Il lit son nom sur
les affiches, et tombe en extase ; c'est d'elle qu'il
rêve ; pour elle, il délire. Les jours de grand courage, il passe devant sa maison, rue des Clercs ;

à l'heure où il est sûr de ne pas la rencontrer. S'il la voit venir de loin, il se sauve, éperdu.

Cette Ecole centrale, ces frottements, ces bousculades, tous ces petits orgueils opposés au sien, ces nobles dédaigneux que les professeurs appellent au tableau pour les faire valoir, ces fils de paysans de la vallée, ces rudes gars qui se moquent de ses airs de petite fille : c'est un apprentissage à faire, et qui n'est pas toujours plaisant. Piqué, heurté, raillé, il se tient sur la défensive, il se plante sur ses ergots. On l'appelle la tour ambulante, c'est une plaisanterie stupide. Il dessine sur le mur la caricature d'Odru l'imbécile, c'est une fine plaisanterie. Odru lui donne un soufflet, il le provoque en duel. On prend des témoins, on cherche dans les remparts une place tranquille où régler cette affaire d'honneur ; et on se serait battu, et on aurait déchargé les gros pistolets, si les gamins ameutés n'avaient suivi le groupe en ricanant, et sans vouloir lâcher prise.

Peu à peu, l'ambition naît : « avancer, ou crever », dit-il. La première année n'avait pas été glorieuse. Au moment des concours annuels, l'élève Beyle avait comparu devant le jury, que présidait le docteur Gagnon : mais il s'était embrouillé dans ses théorèmes ; et rentrés à la maison, son grand-père s'était moqué de lui. « Tu ne savais nous montrer que ton gros derrière... » La seconde année lui valut le premier prix de belles lettres, et un accessit de ronde bosse. Enfin l'an VII de la République une et indivisible vit son triomphe,

tant au concours de Ventôse qu'à celui de Fruc-
tidor.

Les mathématiques l'embarrassaient : et certes, il aurait pu apprendre par cœur ses théorèmes,
tout comme un autre : mais il ne voulait pas. « Il
est évident que... » disait le professeur. « Il est
évident que... », répétaient les élèves. Mais Beyle
ne se tenait point pour satisfait, et n'admettait
rien qu'il ne comprît de lui-même. Alors il avait
pris des leçons particulières, et travaillé d'arrache
pied. au point d'en tomber malade, au point de
refuser d'aller chez le perruquier : se faire couper
les cheveux, c'était perdre une heure de temps.
Le concours avait eu lieu ; le jury délibérait, et
les élèves baguenaudaient par les rues, en attendant.

Ils étaient là, ces jeunes paons, très excités ;
très anxieux, malgré leur air de suffisance ; per-
suadés que tout Grenoble avait les yeux fixés sur
leur personne ; se poussant déjà du coude, pour
prendre une bonne place à leur première foire aux
vanités. Ils étaient là, dans leurs beaux habits
du Dimanche, ne sachant que faire de leurs grosses
mains rouges, et traînant les pieds. Dès qu'on
afficha le procès-verbal de l'examen sur la porte
de la Salle des Concerts, ils accoururent ; et huit
faces s'épanouirent : car le jury avait décerné
huit premiers prix, pas un de moins. Mais parmi
ces noms glorieux, le nom d'Henri Beyle brillait
d'un éclat sans égal. Il était le premier des premiers : « la précision que le citoyen Beyle a mise

dans ses réponses », disait l'affiche, « et la facilité avec laquelle il a opéré ses calculs, ont déterminé le jury à lui accorder, sans tirer au sort, l'introduction à l'analyse infinitésimale d'Euler ».

Quand il traversa le Jardin de Ville, bouffi d'orgueil, exalté par le chœur alterné de ses fidèles, l'aimable Mante, le rude Bigillion, Louis Crozet, son camarade d'équipe, face ronde et blafarde, âme vive et sensible comme la sienne ; quand il eut contemplé l'Introduction à l'analyse infinitésimale d'Euler, et savouré sa gloire toute neuve, il sentit en lui les mouvements généreux des grands vainqueurs, et s'écria :

« En ce moment, on pardonnerait à tous ses ennemis ».

« Au contraire, dit Bigillion, on s'approcherait d'eux pour les vaincre ».

Après un tel triomphe, aucune hésitation n'est possible, et la voie se trouve toute tracée. L'Ecole Polytechnique ; c'est l'Ecole Polytechnique qui convient à son génie. Ses professeurs, le docteur Gagnon, et Chérubin lui-même ont décrété que ce jeune homme était admirablement doué pour les sciences ; qu'il deviendrait un grand mathématicien, honneur de Grenoble ; et qu'il entrerait à l'Ecole Polytechnique, pour commenter.

Mais en cette année 1799, les choses vont si mal dans la République, que les examens et les concours, objet suprême des soins de tout gouvernement français, sont désorganisés. Les examinateurs ne viendront pas à Grenoble ; aux candidats de se rendre à Paris.

**

Autour de la diligence prête à partir, les Beyle et les Gagnon sont assemblés. « Vous veillerez sur Henri, n'est-ce pas ? » demande le docteur Gagnon à M. Rosset, qui regagne Paris pour ses affaires. — « Comptez sur moi », dit M. Rosset. Pauline est toute pâle ; Chérubin pleure, et Henri Beyle pense à part soi : « Comme il est laid ! »

Les voyageurs sont empilés dans la grande caisse jaune ; le postillon se hisse sur le siège et fait claquer son fouet. Adieu le Jardin de Ville ! Adieu, l'Allée des marronniers que l'automne dépouille ! Adieu, la porte de France ! Adieu, Grenoble !

« Les affaires ne vont pas, explique M. Rosset, avec importance. Nous sommes mal gouvernés. Tous ces députés, et ces tribuns, et ces directeurs : à quoi servent-ils, je vous le demande ? A bavarder, à pérorer. Pendant ce temps là, le commerce se meurt ; et le commerce, voyez-vous, jeune homme, c'est l'âme de la nation ». Beyle le regarde, méprisant.

Or voici qu'à Nemours, comme on dételle pour le relai, des empressés annoncent aux voyageurs la grande nouvelle : hier, 18 Brumaire, le général Bonaparte a fait entrer ses grenadiers chez les députés : et adieu vat ! — C'est dommage pour la

République ; mais on n'en pouvait plus, à la fin.

Ces tristes faubourgs miséreux, cette boue que les roues font jaillir sur les passants qui jurent, ces gens qui courent d'un air fou, ces rues après ces rues, ces hautes maisons grisâtres, c'est Paris. M. Rosset dépose son protégé dans un hôtel, à l'angle de la rue de Bourgogne et de la rue Saint-Dominique, lui serre la main et puis s'en va.

Ah ! comme demain sera beau ! Que va-t-il faire des jours innombrables qui s'étendent devant lui, du temps sans limite et sans fin ? Il est libre. Ces parents, ces faux amis qui voulaient prendre possession de son âme, entrer de demeure en demeure et pénétrer jusqu'aux plus secrets réduits, sont aussi loin qu'au bout du monde. Il est son maître ; entre toutes les perspectives heureuses, il n'a plus qu'à choisir.

Déjà ses camarades ont choisi, se sont engagés dans des chemins sans retour. Celui-ci continue le métier de son père, de son grand-père, et prolonge l'effort de sa lignée ; celui-là suit l'appel d'une vocation. Qui marche d'un bon pas vers les honneurs, qui vers la fortune ; et tel autre encore, muni pour toujours d'une sûre croyance, fonce droit vers l'éternel.

Mais non pas Henri Beyle, qui n'a foi qu'en lui-même, qui ne veut pas être soutenu de peur d'être contraint, qui exige d'un seul coup tout le bonheur. Oui, cet adolescent qui arrive à peine à sa dix-septième année, ce nouveau venu, ce téméraire, va tenter la grande aventure du bonheur, par ses propres moyens, sans rien qui l'embarrasse et sans rien qui le guide, seul.

Le bonheur, qu'est-ce donc ? Il ne sait pas au juste. Ce n'est pas la domination de ce Paris qu'il essaye de découvrir en se penchant à sa fenêtre, dans la nuit ; ce n'est pas la richesse. Etre heureux, c'est ne sentir le poids d'aucune chaîne ; c'est rêver ; c'est faire ce qu'on veut, quand on veut. C'est aimer, pour qu'on vous aime. Le bonheur, c'est tout l'immédiat et tout l'accessible ; et davantage encore, les douces promesses dont l'avenir est plein.

Ses parents, ses maîtres, ses camarades, veulent qu'il entre à l'Ecole polytechnique ; mais il ne veut pas, et tout est dit : son caprice fait loi.

Aussi laissa-t-il passer le temps du concours, sans se présenter. Errant dans Paris, musant aux étalages, achetant des livres, se mêlant à la foule heureuse d'acclamer Bonaparte, il allait au devant du bonheur, qui court les rues. Et tel fut son départ pour la vie.

CHAPITRE II

Paris est laid : aucune montagne à l'horizon. Paris, avec tous ces gens riches dont les voitures vous écrasent, est insultant. Vous chemineriez des heures et des heures sans rencontrer une seule figure de connaissance : on est perdu, dans ce grand Paris.

Quelques Polytechniciens, entrés le plus facilement du monde à l'Ecole (et pourtant, il y avait plus fort qu'eux en mathématiques) viennent voir leur camarade Grenoblois qui a pris logis dans leur quartier, près du quinconce des Invalides : mais entre ces jeunes gens avisés, qui font des économies, qui se disputent avec leur propriétaire quand un coteret manque dans leur fagot, et le conquérant du bonheur, aucun sentiment n'est commun, aucune pensée.

Un déménagement ; une maladie ; et puis une page blanche, une page vide, où ne s'inscrit aucun souvenir. Quand Henri Beyle se retrouve, il est couché dans un lit, et dolent ; un poêle chauffé au rouge l'incommode ; un médecin l'ausculte, fait la grimace et laisse tomber son arrêt :

« Il s'agit », déclare-t-il, « d'une hydropisie de poitrine accompagnée de délire ; le cas est grave ».

Le médecin délibère avec le vieux cousin Daru.

****

Le vieux cousin Daru a déniché l'enfant perdu ; et maintenant, il l'emporte chez lui, pour le soigner.

Il habite rue de Lille, au coin de la rue Belle-chasse ; il se contente de l'appartement au dessus de la porte cochère, et loue les autres à bon prix, mais toute la maison lui appartient : il est riche. La famille se compose de Madame Daru la mère, comme elle paraît vieille ! comme elle est ratatinée ! et de deux fils : Pierre Daru, dont on ne parle qu'avec respect, parce qu'il est chef de bureau au département de la guerre, parce qu'il a traduit Horace et composé la *Cléopédie*, et parce qu'il a un caractère détestable : ayez mauvais caractère, tout le monde vous saluera chapeau bas. L'autre fils, Martial, n'est bon à rien, mais on l'aime, parce qu'il est aimable. Ajoutez plusieurs filles, les unes mariées, les autres en quête d mari.

Grand Dieu ! vivre en compagnie de tout ce monde ! Se surveiller au long du jour ! Manger de tous les plats, même de ceux qu'on déteste, en déclarant qu'ils sont forts bons ! Se cogner à tous les meubles de cet appartement parisien, minuscule et encombré ! Paraître au salon ! accompagner les dames en visite ; ou suivre dans les sociétés littéraires Pierre Daru le grand homme, Pierre Daru le renfrogné ! Le cousin de Grenoble a l'air malheureux d'un chien fou auquel on veut apprendre à faire des tours.

M. Daru le père fait des allusions, de plus en plus transparentes, à un jeune homme qui ne peut cependant passer sa vie à ne rien faire, même chez les meilleurs des cousins. Tant et tant qu'un matin, Pierre Daru emmène le dit jeune homme au ministère de la guerre. Point n'est besoin d'une vocation décidée pour faire un bon commis.

⁂

Mazoyer, le commis qui occupe l'autre bureau dans la même pièce, et qui se vante d'avoir écrit *Thésée*, tragédie en cinq actes, et en vers, commence par observer le nouvel arrivant, et s'aperçoit qu'il est inoffensif. Son goût est mauvais, puisqu'il ose défendre Shakespeare, ce barbare, contre l'immortel Racine : mais il est plus fou que méchant. Il s'attendrit en regardant les tilleuls qui végètent dans la cour du ministère, se fâche parce qu'on les émonde, et prétend que ce sont ses meilleurs, ses seuls amis.

Interrogé sur les aptitudes d'Henri Beyle, Pierre Daru hoche la tête. « Aucun sens administratif. Il veut faire circuler les pièces sans passer par les chefs de bureau ; ses lettres sont toujours à recommencer ; il met mal l'orthographe. Figurez-vous qu'il écrit *cella* avec deux *l* ! » Toute la famille est atterrée.

Pierre Daru part maintenant dès l'aube et rentre tard après l'heure du dîner, car il est accablé de travail. Tout le ministère est en émoi : le Premier Consul s'apprête à descendre de sa personne en Italie, pour rejeter les Autrichiens au delà des Alpes ; et l'on prépare fiévreusement sa campagne. Si on envoyait Henri au quartier général de l'armée de réserve, à Milan ? Il n'y ferait pas de plus mauvaise besogne qu'à Paris ; et le cousin Gagnon verrait qu'on s'occupe de lui.

*
* *

A la sortie de Genève, sur la route d'Italie, passait un capitaine Burelviller, grand diable à moustache jaune, narquois et tant soit peu fripon, qui fut témoin d'un spectacle singulier. Sur un grand cheval bai clair était hissé un jeune homme équipé en guerrier : des bottes, des éperons, l'imprudent ! un pistolet, un grand sabre, un porte manteau. Le cheval s'emballait, quittait la route, se lançait dans un champ bordé de saules ; et le cavalier avait beau multiplier les appellations flatteuses, avait beau tirer sur la bride : il n'était plus qu'un paquet, mal accroché sur le dos d'un monstre aux longues dents jaunes, qui l'emportait Dieu sait où.

Ce que voyant, le capitaine jugea bon d'intervenir, et lança son domestique : lequel, après un bon quart d'heure, ramena sur le droit chemin monture et cavalier. On va se moquer de moi, pensa Beyle ; et tout de suite, fièrement, la main sur la crosse de son pistolet :

« Que me voulez-vous, Monsieur ? »

Le capitaine Burelviller ne voulait rien, sauf l'honneur de sa compagnie. Sans doute le camarade allait-il rejoindre l'armée d'Italie ? Etait-ce sa première campagne ? Savait-il, au moins, se servir de ses armes, et donner un bon coup de sabre, dans l'occasion ?

Le camarade n'osa pas avouer que pour rien au monde, Chérubin son père n'aurait voulu lui permettre de risquer sa vie dans des exercices dangereux, tel celui de monter à cheval ; qu'on l'avait élevé sous une cloche de verre, à l'abri de la pluie, du vent ; et que son gros sabre, rien qu'à le porter, lui avait déjà donné des ampoules. Mais il avait un air si provoquant, malgré sa détresse ; il était si naïf, si frais, que le capitaine Burelviller le prit décidément sous sa protection.

Alors ils chevauchèrent ensemble. Et c'étaient d'étranges aventures : chaque soir il fallait lutter pour le gîte et le couvert, moins contre les habitants, résignés, que contre d'autres soldats de passage, qui voulaient s'emparer des vivres et des maisons par le droit du plus fort. Etranges frères d'armes, que ces fantassins, que ces cavaliers égaillés sur les routes : pas du tout semblables aux guerriers qui sont dépeints dans les livres, héros de l'Arioste ou du Tasse ; vous regardant d'un œil mauvais, vous bousculant sans cérémonie, et jurant comme tous les diables. Bientôt se présentèrent les montagnes, et on commença l'ascension du Grand Saint Bernard : de la brume, de la neige, des sentiers à pic ; et les chevaux qui appuient toujours du côté du précipice, glissant de toutes leurs grandes pattes sur chaque bout de rocher. Tout d'un coup, on entend le canon ; il faut passer sous le feu du fort de Bard — « Avez-vous peur, conscrit ? » demande le capitaine. Peur ! Le conscrit se rapproche du fort, pour être davantage à portée ; et musarde, pour rester exposé plus longtemps : on verra bien s'il a peur. Le feu — n'est-ce donc que cela ? Pas grand'chose, en vérité. Les deux camarades descendent dans la plaine, arrivent à Ivrée, vont toucher leurs billets de logement. Beyle tient à passer la soirée au théâtre, malgré les conseils de son Mentor, qui craint quelque algarade, et obtient du moins qu'il laisse son grand sabre à la maison. On donne le *Matrimonia segreto*, de Cimarosa : dès les premières notes, son cœur s'attendrit. Il suit passionnément l'histoire de la pauvre Caroline, qui a secrètement épousé Paolino, qu'elle aime, tandis que son père veut la marier au comte Robinson, noble et sot. Gracieuse toujours, claire et légère, discrète amie qui sollicite sans s'imposer, la musique se plaint, gémit doucement, et pleure. Dix fois, vingt fois se répète le même thème sans qu'il se lasse de l'entendre ;

c'est une phrase ailée dont il attend le retour.
O doux chants voluptueux, qui impriment aux
paroles les plus banales un frémissement de passion ! ô violons, qui émeuvent jusqu'à la chair !
ô neuves et surhumaines délices ! Beyle est transporté, Beyle est en extase : jamais, depuis qu'il
est au monde, il n'a connu pareil bonheur.

Enfin ils arrivèrent à Milan. Et qui se trouvait
là, dans la rue, à trois pas du museau du cheval ?
Martial, Martial Daru en personne, beau à faire
envie avec sa redingote bleue et son chapeau
brodé.

« On vous croyait perdu », dit Martial.

— « Le cheval a été malade à Genève », dit Beyle.

— « Je vais vous montrer la maison, ce n'est
qu'à deux pas. »

Et Martial emmène son cousin vers la Casa
d'Adda, sur la Corsia del giardino : palais grandiose, escalier fait pour des géants, tableaux, statues... Tant de nouveautés, un tel changement,
semblent un rêve ; Martial fait servir des côte-
lettes à la milanaise, pour revenir au réel.

CHAPITRE III

« LES DEUX ANNÉES DE SOUPIRS, DE LARMES,
D'ÉLANS D'AMOUR ET DE MÉLANCOLIE,
QUE J'AI PASSÉES EN ITALIE... »

Comme il l'aimera plus tard, son Italie ! Il
l'aimera tant et tant, qu'il croira l'avoir chérie
du premier coup. Aussitôt franchies les portes de
Milan, par un gai matin de Prairial, il sent qu'il
a trouvé sa vraie patrie ; une joie l'envahit, déli-
cate et profonde ; il est pénétré d'une inexprimable
tendresse et s'abandonne sans résistance aux lois
de l'harmonie qui se révèle à lui. C'en est fait ;
l'Italie opère par tous ses charmes ; et rien ne
prévaudra contre la douceur de ce premier enchantement...

Mais non ; ce ne fut pas ainsi que les choses se
passèrent ; son âme encore incertaine ne fut pas
si prompte à se fixer pour toujours. Son grand
amour pour l'Italie va commencer par la surprise,
par de lents essais, par de multiples expériences,
et par une souffrance que nuance à peine un vague
espoir.

*
* *

Le sort de la Lombardie s'est décidé à Marengo ;
Bonaparte a fait son entrée dans la capitale enfié-
vrée ; c'est à peine si les cloches ont cessé de vibrer,
et les drapeaux flottent encore au vent.

Passent les Milanais, qui courent à leur travail ;
et les Milanaises opulentes ; et les soldats français
qui font le beau ; et Beyle qui flâne au long des
rues. Il s'arrête devant le Dôme, le nez au vent.
Si Pauline était ici, elle serait bien étonnée :

Tu sais que je suis à Milan, c'est une ville grande
comme Grenoble, assez bien bâtie. Il y a une église
d'un style gothique, c'est-à-dire toute en filigranes
disposées en voûte plus que de plein cintre, qui est
étonnante à la seconde réflexion, mais qui ne saisit
pas d'abord comme le sublime du Panthéon. Pour t'en
donner une idée, il faut te figurer une galerie circulaire
longue de cinquante à soixante pieds et haute comme
quatre clochers de Saint-André les uns sur les autres.
L'église n'est point finie et ne le sera probablement
jamais ; elle n'est point belle en dedans en général,
elle n'est qu'étonnante par la patience infinie qu'elle
suppose dans les divers ouvriers qui ont contribué à
sa construction : il y a peut-être mille statues, depuis
quarante pieds de proportion jusqu'à six pouces...

(De Milan, le 10 Messidor an VIII.)

Encore le Dôme est-il peu de chose, en comparaison de la Scala. Le théâtre, la scène, la musique,
les chanteurs. l'orchestre, les costumes, tout est
admirable : la Scala est une des merveilles du monde.

Et Pauline n'en sait rien ; pauvre Pauline, qui végète à Grenoble, et ne voyage pas à travers le vaste monde :

Malgré un gros rhume que les brouillards épais de la Lombardie m'ont donné, je suis allé hier au spectacle, qui était le premier du Carnaval. Tu ne peux te former l'idée de la beauté des décorations et du luxe des costumes : l'illusion est complète dans une salle comme celle de Milan. Imagine-toi la place Grenette couverte, et tous les balcons avec des jalousies de taffetas de toutes couleurs, les plus petites loges sont comme le cabinet dans lequel je couchais à Grenoble. Chacun a, dans la sienne, des bougies allumées, une table, des cartes, et ordinairement l'on fait venir des rafraîchissements pour les dames...

(De Milan, le 6 Nivôse an IX.)

Mais songeons aux affaires sérieuses. Nous voilà le pied à l'étrier, comme aurait dit le capitaine Burelviller : mettons-nous bien en selle ; et puisque tout le monde parle d'arriver, arrivons, nous aussi. A quoi ? D'abord à quitter les services de l'armée, qui sont toujours un peu méprisés, pour entrer dans les armes combattantes. En un tournemain, voilà qui est fait : Pierre Daru, secrétaire général au département de la guerre, n'a qu'un mot à dire, et le petit cousin Beyle est nommé sous-lieutenant au 6me dragons : casque à crinière noire, et vaste manteau vert.

Le nouvel officier a une façon toute à lui de comprendre son métier. Milan, son air de fête, ses rues affairées, la promenade rituelle des car-

rosses au Corso di Porta Orientale, les illumina-
tions, les bals, lui plaisaient fort : mais non pas
les cantonnements de guerre. Il resta dans les
bureaux, et ne fit que deux apparitions à son régiment qui bataillait contre les Autrichiens, quelque part en Vénétie : la première fois il vint, montra son nez, resta trois semaines, et disparut pour
neuf mois. La seconde fois, il arriva quelques jours
à peine avant l'armistice que Français et Autrichiens signèrent le 16 avril 1801 : il faillit ne se
présenter que les chandelles éteintes et la fête ter-
minée. Par bonheur, il eut le temps de prendre
part à un combat, en avant de Castel Franco, de
charger, d'enlever des canons, et de montrer sa
naturelle bravoure : au moins c'est ce que dit un
beau certificat qu'il se fit délivrer plus tard. Le
fait est qu'il n'avait pas peur de risquer sa vie
mais il avait peur de s'ennuyer.

Sa manière d'arriver, c'était de prendre son
plaisir. L'occasion s'étant offerte de devenir aide
de camp du général Michaud, que son ton tranchant amusait, il ne se fit pas prier, quitta les
bureaux, faussa compagnie à son protecteur Pierre
Daru et galopa sur les routes de Lombardie, de
Vénétie et de Toscane, en suivant son général
comme son ombre, crinière au vent. On le rappe-
lait, on le relançait, on invoquait le réglement,
qui défendait aux simples sous-lieutenants d'exercer les fonctions d'officier d'ordonnance. — Il
galopait toujours, ne voulant rien entendre.

Mais il n'est si beau jeu qui ne se termine ;

force lui fut de regagner le sixième dragons, dans
une petite garnison piémontaise : alors le métier
militaire le dégoûta.

*
* *

Vous en avez dix mille, vous en avez cent mille
qui, ayant séjourné au delà des Alpes autant que
Beyle ou davantage, n'ont voulu rien apprendre
et n'ont rien appris. Pour son compte, poussant
partout sa pointe, promenant à droite, à gauche,
le regard de son œil vif, trop curieux pour rien
négliger, trop intelligent pour se prendre aux apparences, trop méfiant pour se donner sans retour,
il essaya l'Italie.

Il pratiqua la langue italienne, et aussi la clarinette. Mais ses progrès furent lents dans ces deux
arts presque également dignes d'intérêt. « J'aurais bien désiré prendre encore deux ou trois mois
de clarinette et autant d'italien, pour être ferme ;
mais je n'ai pas assez de temps pour que cela me
puisse être profitable ». Ce n'est pas qu'il manque
d'audace ; il orne sa correspondance de mots exo-
tiques, et Pauline reçoit, admirative, une lettre
tout entière en italien. Mais il manque d'expérience ; et comme il a une fâcheuse tendance à
croire qu'il suffit de terminer les mots français par
des *a*, des *o*, et de préférence des *i* pour passer
de l'une à l'autre langue, il est puni de sa témérité ;
autant de mots, autant de fautes, ou à peu près.
La clarinette ne lui réserva guère moins de dé-
boires : de sorte qu'il congédia le maître de musi-

que du 91me régiment d'infanterie, qu'il avait
admis à l'honneur de lui enseigner les secrets de
cet instrument redoutable ; et qu'il d** ,enoncer
à ce double idéal : le maniement dégagé de la clarinette, et la connaissance ferme de l'italien.

Ayant longtemps balancé entre la gloire des
grands capitaines, comme Turenne, et la gloire
des grands écrivains, comme Molière. ce fut vers
celle-ci qu'il pencha. Alors il prit intérêt au théâtre
italien : car enfin, pourquoi des auteurs comme
Gozzi, Goldoni. ou autres, ne fourniraient-ils pas
des idées et des caractères à un jeune Français qui
éprouve quelque difficulté sous le rapport de l'in-
vention ? Quel mal ferait-on, si on les utilisait
dextrement ? Le public ne s'en apercevrait même
pas. Seulement, il n'y a qu'un pays au monde
où un homme de génie peut se révéler, et produire
des pièces qui feront ensuite l'admiration de l'univers : la France. On ne devient le successeur de
Voltaire qu'à Paris.

Il essaya les paysages. On le vit content de la
plaine lombarde, luxuriante, et grasse ; heureux
devant le panorama de Bergame, que les montagnes
ceinturent à l'horizon ; et aux îles Borromées,
transporté au point qu'il rougit de son plaisir. Car
comment avouer aux âmes froides au milieu desquelles on vit qu'on pleure de délices, à la vue
des lieux mélancoliques et doux que les Français
sont impuissants à désigner, et que les Anglais appellent *romantiques*, en leur langage ? Il
faut admirer, rêver, s'attendrir — se taire. et

garder pour soi les sentiments profonds du cœur.

Il étudia les habitants, avec prudence. Laissons les imbéciles ou les fous mépriser tous ceux qui ne sont pas de leur nation, évoquer à tout propos la grande Rome, et écraser l'Italie sous la comparaison ! Accueillons, bien plutôt, les témoignages d'où qu'ils viennent ; et s'ils sont contradictoires, ne nous prononçons pas, réservons-nous, oscillons. A Milan, les Italiens sont incomparablement supérieurs à l'idée que les Français se font d'eux : certains Milanais possèdent au plus haut degré une sagesse tranquille, et le sentiment de l'honneur. Par contre, le bas peuple, tel que les soldats l'ont connu pendant la guerre, est abruti. Il joint à l'ignorance qu'on rencontre aussi chez les paysans français un cœur faux et traître, la plus sale lâcheté, et le fanatisme le plus détestable. Rien d'étonnant à ce que l'impiété soit née en Italie : la meilleure religion se ferait détester avec de pareils adeptes : en Vénétie, le grand vicaire a lancé contre les impies de Français une instruction d'une violence inouïe : que les vaches dont les Français boiraient le lait, tomberaient mortes ; que les vignes dont ils boiraient le vin, sécheraient ; que les maisons où on les logerait, seraient consumées par la foudre. On se consolerait de ces absurdités, si elles demeuraient sans effet : mais dès qu'un soldat s'éloigne dans les terres, les balles pleuvent, on l'assassine ; les houzards du 10e ont trouvé le curé du village en train de mettre le feu

aux fermes où ils sont cantonnés, de ses propres
mains. Tantôt l'Italie est un pays délicieux, où il
ferait bon vivre ; et tantôt un pays abominable,
fuyons-le au plus vite, Grenoble vaudrait encore
mieux.

Un seul trait est certain aux yeux de Beyle : les
Italiens sont des gens violents. Que de colères ! que
de haines ! et que de sang versé ! Ici, on plante un
poignard dans le dos de son voisin sans la moindre
cérémonie. Le nombre des meurtres qui se commet-
tent au long d'une année dans une petite ville
comme Brescia est incroyablement élevé : toutes proportions gardées, il est deux fois plus considérable
qu'à Paris, centre de toutes les corruptions, comme
chacun sait. Et notez qu'il ne s'agit ni de duels,
ni de suicides, mais d'assassinats beaux et bons.
Bref, les Français sont bien pâles, à côté des Italiens ; et qui l'aurait cru ?

*
* *

Ses camarades, adjoints aux commissaires des
guerres, lieutenants et capitaines, n'étaient pas
des soldats pour rire : en campagne, des braves ;
au repos, de joyeux drilles, aimant les plaisanteries
grasses et les propos salés, buvant sec, courant les
aventures, troussant les jupes, fiers de leurs conquêtes faciles et les criant sur les toits. Le petit
Beyle se hâta de prendre leur ton, fit du bruit
comme quatre, piaffa, eut toutes les insolences,
affecta toutes les grossièretés, et pour cacher son

inexpérience, qui lui pesait, mena le jeu. Il figura dans leurs expéditions nocturnes, joua son rôle dans leurs farces, chanta leurs exploits dans des vers dignes d'un franc polisson, se battit en duel, enfin ! il y avait longtemps que la main lui démangeait. Bref, à le voir et à l'entendre, vous l'auriez pris pour un débauché, pour un cynique ; et vous auriez eu raison, s'il n'avait été tout le contraire, en même temps.

Car lorsqu'il cesse de parader et qu'il est seul, c'en est fait de sa jactance. Il se met à rêver : bientôt il soupire ; il se désespère, et laisse couler des larmes. Son cœur est sans amour, et souffre de ne pas aimer. Qui voudra prendre ce cœur souffrant ? Il s'offre avec humilité à tous les anges. Ce prétendu roué n'est qu'un pauvre honteux, qui rêve abandons, sacrifices, dévouements éternels. Plus un souci lui est cher, et plus jalousement il le cache : imaginons à quelle profondeur se dissimule cette sensibilité ingénue. D'être ainsi refoulée, elle s'exaspère ; et elle s'échappe, dès que la surveillance se relâche, en visions romanesques et en songes, que suivent des crises de noir chagrin. Ne se produira-t-il pas quelque belle aventure ? Une voiture passera ; les chevaux s'en porteront, la voiture sera brisée ; à point nommé paraîtra Henri Beyle ; il arrachera à la mort une jeune fille éblouissante de beauté, qui adorera son sauveur...

Ah ! si ses camarades le devinaient, que de plaisanteries ! que de gorges chaudes ! Il en mourrait de honte. Ne devraient-ils pas, au contraire, com-

patir à sa misère ? Les égoïstes ! les misérables !
Puisqu'ils connaissent la vie, puisqu'ils savent l'art
de conquérir les belles et possèdent plus de femmes
qu'ils n'en peuvent désirer, c'est ce qu'ils disent
— pourquoi ne le jettent-ils pas dans les bras de
quelque créature supérieure, comme il en est tant
de par le monde ? A cette Angélique, à cette
Armide, il révèlerait le véritable état de son âme ;
et tous deux passeraient à se plaire une vie qui ne
serait plus qu'une tendre exaltation. Aimé, comme
il serait brillant ! Les ressources de son esprit
seraient multipliées ; et pour continuer à mériter
l'estime après l'avoir conquise, il montrerait tant
de vivacité et tant de profondeur, que tous ses
rivaux seraient éclipsés. Comme il serait bon, s'il
était aimé ! — Mais rien ne vient ; la vie suit son
cours banal, sans nobles aventures ; les mois passent, et cet étrange état devient une habitude ;
il ne cesse plus de nourrir secrètement les songes
les plus doux, les plus vains. Gémissant devant sa
propre image, Henri Beyle pense à Henri Beyle
« avec un attendrissement extrême » ; Henri Beyle
éprouve pour Henri Beyle « une tendre pitié ». Il
se les rappellera, ces tristes temps puérils, lorsqu'il
reviendra dix ans plus tard en Lombardie, et qu'il
marquera lui-même le caractère de son premier
séjour : « Les deux années de soupirs, de larmes,
d'élans d'amour et de mélancolie, que j'ai passées
en Italie... »

A Milan vivait une femme sublime, capable de
faire cesser son tourment, si elle l'eût voulu ; si

elle l'eût voulu... Parmi tant d'ombres vainement appelées, celle-ci prenait corps. Telle que les autres la voyaient, Angela Pietragrua était une agréable personne, plaisante et facile ; fille de drapiers qui servaient eux-mêmes la clientèle derrière leur comptoir ; femme d'un employé que les scrupules conjugaux ne tourmentaient pas ; bien en chair, opulente, gaie ; ne dédaignant pas la compagnie des officiers de l'armée d'Italie, et même accordant ses faveurs au moins à l'un d'entre eux, qui s'appelait Joinville, était commissaire des guerres, et avait l'air d'un paysan râblé. Telle que Beyle la voyait, Angela Pietragrua était une déesse : elle l'éblouissait. Majestueuse, noble, et fière, sa démarche avait une grâce que n'égalait aucune mortelle. Des cheveux noirs : diadème. Des yeux brillants : indice d'un cœur fougueux, et d'une grande âme qui attend la passion.

La difficulté commençait lorsqu'il s'agissait de rendre directement hommage à cette divinité. Pour bien faire, elle aurait dû l'encourager : or c'était le moindre de ses soucis. Angela Pietragrua considérait Beyle comme un camarade parmi d'autres, et rien de plus. Trop gauche, trop lourd, il ne faisait pas figure de séducteur : elle l'appelait — était-ce à cause de ses pommettes saillantes ? de ses yeux bridés ? — elle l'appelait le Chinois. Elle le tenait pour un figurant, non pour un grand premier rôle. Autour d'elle existaient Joinville, d'abord; puis Mazeau, Auguste Petiet, le Chinois, et quelques autres du même genre : un peu bizarres, un peu

fous, comme tous les Français ; d'ailleurs agréables
à vivre, et généreux.

Angela Pietragrua, la divine, ignorait donc son
très humble soupirant, dont la vie profonde n'était
que mélancolie, angoisse, exaspération, désespoir.

*
* *

Le premier complémentaire de l'an neuvième de
la République, le sous-lieutenant Beyle, du 6ᵉ dragons, avait décidément quitté son général et sa
sinécure, et gagné Bra, dans le Piémont. Il s'était
attardé quelques jours à Milan, comme de juste ;
puis il avait traversé Pavie, Voghera, Tortone ; le
champ de bataille de Marengo ; Alessandri, Asti :
toutes villes, tous endroits moroses, puisqu'il les
regardait tristement. A Bra, comment employer
son temps ? Chasser quelquefois, le matin ; déjeuner
au mess avec les officiers de l'escadron ; parler
avancement, service, écouter les histoires du prési-
dent de table ; faire cent points au billard, et cent
autres points pour la revanche ; se retirer dans sa
mauvaise chambre, jusqu'à l'heure du dîner : ce
n'est pas une vie possible. L'escadron quitte Bra
pour Saluces : peut-être la nouvelle garnison sera-
t-elle plus agréable ? Peut-être les officiers trouve-
ront-ils, au lieu d'un seul billard disponible, plusieurs billards ?

Il se sauva, quand Nivôse vint blanchir les
grandes Alpes ses voisines. Plus de calculs d'intérêt ; plus de carrière ; plus d'ambition. Plus de
manteau vert, plus de casque à crinière noire. Il

demande et il obtient un congé qui est une libéra-
tion. Pierre Daru, déjà fâché de ses incartades, se
refâchera : qu'il reste avec sa colère. Henri Beyle
plante là sa lieutenance, et Saluces, et le Piémont,
et l'Italie ; il s'en va, il est parti.

Sur la route qui le ramène en France, il n'est
pas le voyageur qui, abandonnant avec désespoir
un pays trop aimé, se retourne pour le contempler
encore. Il se hâte vers Grenoble, où sa famille l'attend. Désemparé, malade, depuis des mois la fièvre
le tourmente sans qu'il arrive à la chasser : elle
réapparaît à la moindre imprudence. Encore la
fièvre ne serait-elle rien ; il est allé trouver le chi-
rurgien de l'armée :

« Cela se soigne avec du mercure », lui a dit celui
ci. « Prenez des pilules. Et ne vous désolez pas trop
vous n'êtes pas le seul... »

D'Italie, il emporte des impressions qui ne font
pas corps ; et non seulement dispersées, mais heur-
tées, mais contradictoires. L'Italie est une région
dont beaucoup de terres lui demeurent inconnues,
et qu'en conséquence il s'abstient de juger. L'Italie,
c'est le souvenir de ses rêves, de ses appels dans le
vide, et de ses plaintes sans écho. C'est sa souffrance. Quelques livres, abandonnés avec un signet
au milieu des pages. Quelques caractères, sur-
prenants et mal définis. Le bercement voluptueux
d'une musique chantante ; la grâce passionnée du
Matrimonio segreto de Cimarosa. Milan, cette oasis.
La Scala, ce théâtre sublime. Et la Pietragrua,
qu'il n'ose pas aimer

CHAPITRE IV

« M. BEYLE TRAVAILLE A DEVENIR
GRAND HOMME »

Il y a eu maldonne, la partie est à recommencer : et Beyle la recommence avec toute la gravité, toute l'application d'un sage de dix-huit ans. Attention, se dit-il : je me suis trompé, il ne faut plus que je me trompe : l'enjeu, c'est ma vie.

Grenoble est une ville odieuse, voilà qui est décidément établi. Je veux bien que Pauline soit une fille charmante, capable de comprendre les grands cœurs : mais elle est seule de son espèce. Le reste de la famille est insupportable ; grand-père Gagnon a beaucoup baissé, et parle de son bon vieux temps ; Chérubin est un avaricieux, qui lésine sur la pension qu'il doit faire à son fils unique, à son fils qui revient d'Italie, à son fils qui va se pousser dans le monde. Comment vivre dans cette famille sans joie, dans cette ville sans ressources ? Paris seul convient aux âmes d'élite ; « Paris est le lieu du monde où chacun fait le plus son sort. »

A Paris, plus de joug : liberté. Rien n'est odieux comme un métier : le vulgaire ne se rend pas compte de cette vérité, et Dieu sait pourtant si elle est évidente : accepter un contrat qui vous assure le pain quotidien, mais qui vous rend esclaves — à d'autres ! Nous ne serons pas si sots que d'échanger notre indépendance côntre de l'argent : nous vivrons de peu, mais nous vivrons libres. L'armée ne nous reverra plus. Et nous ne prendrons pas d'emploi civil : car ce Premier Consul ne nous dit rien qui vaille. Il a tué la république, et nous sommes républicains. Il passait l'autre jour dans les rues de Paris, sur son cheval blanc : le peuple l'acclamait, et il se répandait en sourires : sourires de théâtre. Voici maintenant qu'il veut être Empereur, et qu'il fait venir le Pape pour le couronner à Notre-Dame : charlatan...

Libres que nous sommes, jouissons de la douceur de vivre ! La France donnait l'impression de renaître, en ce temps-là, et de recommencer sa vie, comme Henri Beyle. Tout paraissait neuf, même le soleil. Les Jacobins, pacifiés, serraient la main aux ci-devants, heureux d'être rentrés et de retrouver le faubourg ; le bourgeois redevenait sociable et disert ; le militaire, racontant ses campagnes, bombant sa poitrine et frisant sa moustache, était glorieux sans être las ; le marchand lui-même, troquant sa marchandise contre monnaie trébu-chante, se reprenait à sourire. On revenait aux habits brodés et aux épées, au luxe, au plaisir. On voyait s'emplir le Palais Royal, centre du monde ;

les élégants passaient du Café de la Rotonde aux tripots de la galerie, où ils perdaient leurs beaux napoléons tout neufs. Ils faisaient trois tours aux Tuileries, poussaient jusqu'aux Champs-Élysées, s'en allaient au Ranelagh pour danser, scandaleuse, impudique, la valse à trois temps. Le soir, on prenait des glaces à l'italienne sous les ombrages de Frascati ; ou bien, l'hiver venu, on se montrait dans les salons, tous réouverts.

Joie de se mêler à cette vie ; de flâner, de muser, de faire figure ! Joie de se commander, de s'obéir ! Joie de rêver, de regarder les nuages blancs qui passent ; et de revenir sur la terre, et d'en goûter les délices, et de n'être inférieur à personne, et de s'admirer, et de se trouver aussi beau, plus beau que tous les muscadins de Paris ! Ah ! que Beyle était galant, avec sa culotte de nankin, son gilet en duvet de cygne à mille raies, son habit tête de More, son habit bronze cannelle, ou son habit noisette ! Qu'il avait bon air, lorsqu'il revêtait son carrick ! Mais c'est le soir surtout qu'il fallait l'admirer, habillé pour aller dans le monde : bas de soie, culotte de peau, triple jabot, et cheveux en génie.

C'est un fat. — Du moins il voudrait l'être. Il se pavane, fait des grâces, apprend à danser, montre sa jambe bien faite, dont il est fier. Il travaille à perdre l'accent grenoblois, dont il rougit : ne dites pas pére, mére, bétise, inconvéniensse : on vous prendrait pour un provincial. Il se montre insolent avec les hommes, empressé avec les

femmes, **et** se donne beaucoup de peine pour avoir
l'air naturel. C'est un fat : mais il manque d'aptitudes. Il est plus orgueilleux qu'avantageux, toujours inquiet, toujours prêt à se replier sur lui-
même, rétractile. Ne compte pas qui veut parmi
les lions du jour : c'est un métier où Beyle est trop
intelligent pour réussir.

.* .

Le parterre se reformait, tribunal suprême. Les
vieux habitués de la Comédie-Française, un à un
revenus, constataient avec bonheur que la mode
était passée, Dieu merci, de chanter la *Carmagnole*
au milieu des entr'actes, ou même au milieu des
actes, pour réchauffer le civisme, comme sous la
Convention ; ou de se battre à coup de bâtons,
comme sous le Directoire, entre partisans de la
République et partisans du Roi : à présent, disaient-
ils, la Muse tragique retrouvait sa dignité perdue,
sous la tutelle d'un Empereur ami des arts. Et
joyeux de reprendre leurs places immuables, qui
à gauche, qui à droite, qui la troisième du deuxième
rang (et non pas la quatrième, pour rien au monde),
ils reprenaient du même coup leurs fonctions. Les
juges d'enfer étaient moins sévères que ces doux
vieillards, qui racontaient en pleurant comment
ils avaient assisté à l'apothéose du grand Voltaire,
honneur de la scène française, et qui instruisaient
dans le respect des règles les nouveaux venus,
l'étudiant féru de bonnes lettres, ou le merlan du

coin. Tous les soirs, ce parterre attentif, où tout l'esprit critique de France et de Navarre se trouvait assemblé, se mettait à l'affût : et malheur aux écrivains qui apportaient des pièces contre les règles, témoignant ainsi de leur manque de respect pour l'illustre public ! Les murmures, les cris et les sifflets faisaient un beau concert.

Beyle y prend sa part, fidèle au spectacle comme à un rendez-vous d'honneur. D'un appétit glouton il goûte à toutes les, pièces, *Agamemnon* et *Sganarelle*, *Didon* et les *Trois Sultanes*, *Œdipe* et l'*Amant bourru* ; quelquefois il part avant la fin, d'un air dégoûté : mais le lendemain, le contrôleur le voit revenir. Insatiable, ce qu'il ne peut voir jouer, il le lit ; il apprend l'anglais, sous la direction d'un Père Franciscain, pour goûter Shakespeare dans le texte ; il se précipite chez Cailhava, à une heure indue, pour acheter son *Art de la comédie* ; et Cailhava ne saura jamais si ce client nocturne était un admirateur enthousiaste, un mauvais plaisant, ou un fou. Ce n'est pas assez : il prend des leçons de déclamation, d'abord chez Larive, ensuite chez Dugazon : il est Oreste, déchiré par toutes les Furies. Ce n'est pas assez : il se frotte aux acteurs, approche Talma, est admis dans la loge de Mademoiselle Duchesnois, et défend cette actrice incomparable contre Mademoiselle George et sa cabale....

C'est que M. Beyle travaille à devenir grand homme ; c'est qu'occupé à construire sa vie suivant ses désirs, il constate qu'il est passionné de gloire :

reste à la conquérir. Du haut de la colonnade du Louvre, en face de laquelle il s'est logé, Corneille, Racine, Molière, lui font des signes amicaux, lui disent de se presser un peu. — « Quel est mon but ? D'acquérir la réputation du plus grand poète français, non point par intrigue comme Voltaire, mais en la méritant : pour cela, savoir le grec, le latin, l'anglais, l'italien. » — Tout simplement.

Plus têtu qu'un âne roux, il suit sa route. Vous ne l'empêcherez pas de peiner, pour tout apprendre ; vous ne l'empêcherez pas de croire que l'on compose des chefs-d'œuvre, dès qu'on connaît les secrets de l'art ; que les maîtres ont caché dans leurs pièces ces secrets infaillibles, laissant à leurs successeurs le soin de les découvrir ; et que les critiques les possèdent aussi, puisqu'ils en ont disserté. Vous ne l'empêcherez pas de croire qu'il est né pour écrire des comédies, et des comédies en vers. Voyez-le pendant des heures et des heures, penché sur son écritoire ; voyez-le chercher l'alexandrin qui ne se présente jamais qu'avec onze pieds, ou treize ; voyez-le chercher la rime, qui ne veut pas venir. Le chef-d'œuvre qui doit lui donner la gloire s'appelle *Le Tellier*, ou *Les deux hommes* : que de fois il l'a abandonné ! que de fois il l'a repris ! que de colères ! que de désespoirs ! Allons, remettons-nous à la tâche, une fois de plus ; ouvrons le cahier à la page où nous l'avons laissé ; nous sommes arrivés à la scène pathétique : c'est Adèle, c'est l'héroïne qui parle :

Adèle.

M'aimerait-il encor ? Puis-je donc l'espérer ?
Quand ce soir à jamais je vais m'en séparer,
Quand l'hymen détesté où sa mère m'entraîne
M'accuse dans son cœur de suivre une autre chaîne ?
Cependant pour me voir que de transports charmants,
Que d'amour respirait dans ses empressements !
Peut-être qu'à l'infidélité l'absence a su l'instruire...

(Ce vers est un peu long. Nous le reprendrons une autre fois. Courage)

Peut-être qu'à l'infidélité l'absence a su l'instruire,
Et qu'oubliant l'amour il apprit à séduire.
Malheureuse ! sans lui l'amour s'égare assez.
Dans quel abîme, ô ciel ! mes pas sont-ils poussés ?
Il vient poursuivre ici la Vengeance facile
Des mépris prétendus dont la douleur l'exile ;
Il va peindre à mes yeux l'amour qu'il ne sent plus...
Fuyons ;   ou plutôt par d'éclatants refus

(Il manque un mot ; nous le trouverons plus tard ; courage)

               ou plutôt par d'éclatants refus
Détruisons à jamais ses lâches espérances.
Dieu ! le voici..

Arrêtons-nous ; le résultat est fort satisfaisant ;
nous composons bien rarement tant de vers à la
fois. C'en est assez pour aujourd'hui, allons dîner.

*
* *

Mais si vous pénétrez plus avant dans sa confidence ; si, non contents de suivre l'effort de sa plume malhabile sur les brouillons de *Le Tellier*, vous cherchez à saisir sa pensée profonde, vous découvrirez que l'ambition d'Henri Beyle ne s'arrête pas aux succès du théâtre ; que les apothéoses rêvées ne sont encore qu'une forme inférieure des triomphes qu'il attend ; et qu'il élabore une âpre doctrine, qui doit lui assurer la connaissance exacte des lois de son être, et la domination de toute l'humanité. C'est ici qu'il sort du troupeau : il travaille à devenir grand homme, en essayant de dominer la vie, au lieu d'en suivre aveuglément le cours ; il exerce son esprit critique, démolit, reconstruit, conçoit une philosophie de l'existence qui engage tout son avenir. Il pense :

« Le ciel est vide ; il ne s'y cache aucun des dieux que les religions y ont placés ; aucun mystère ne nous entoure de son ombre ; la raison dissipe les fantômes inventés par la peur. Toute la scène est sur la terre : qui sait d'où l'on vient, avant ? Après, on retourne au néant. Les hommes ne connaissent d'autre loi que leur intérêt ; ils appellent vertu l'habitude des actions qui leur sont utiles, et vice l'habitude des actions qui leur sont nuisibles. Quelques institutions, quelques croyances par eux établies font régner dans la société un ordre apparent : sans la potence, le qu'en dira-t-on, ou l'enfer, ils ne suivraient que leurs passions. Telle est l'humanité ; toute histoire qui la représente autrement, est fausse ; menteurs et fripons sont les historiens qui décrivent pompeusement ses fastes, et prétendent y voir l'affirmation d'une moralité. Aussi bien un mensonge universel règne-t-il sur la terre : car les hommes, par impuissance ou par bêtise, refusent d'ouvrir les yeux, et veulent être trompés.

« Mais je ne suis pas de ceux qu'on trompe. Je n'ai pas besoin de consolation, ou d'espoir. Il me suffit d'observer les faits, dépouillés et nus, pour être heureux. L'erreur n'est jamais douce ; la vérité est toujours belle. Ma passion est de suivre le jeu des sentiments humains jusqu'au profond des âmes ; mon ambition est de compter au nombre des sages, au nombre des forts qui mettent leur volupté dans la connaissance du réel... »

Pas d'autre réalité que la réalité sensible ; pas d'autre ordre que l'ordre humain : telles sont les convictions qu'il affirme avec une force qui tous les jours s'accroît. Une des plus grandes joies de sa vie fut celle qu'il éprouva l'année 1804, lorsqu'il découvrit une philosophie qui venait appuyer et sanctionner son effort personnel, en lui fournissant, toutes faites, la méthode de la connaissance et la science du réel :

La science qui nous occupe, cet épouvantail si terrible aux tyrans, cette science détestée des charlatans de toutes les espèces, est la chose du monde la plus enfantine, la plus simple. Nous la nommerons Idéologie ; idéo veut dire idée ; logie, discours ; le mot entier veut dire discours sur les idées. Locke a trouvé cette science en 1720, je crois. Condillac a commencé à lui donner un corps en 1750. Destutt de Tracy l'a portée à sa perfection actuelle, il y a deux ans...

Alors il s'enivra d'idéologie. « Avez-vous lu Condillac ? disait-il ; avez-vous lu le grand livre d'Helvétius, le livre de l'*Esprit*, bréviaire de toute sagesse ? Avez-vous lu Cabanis ? Destutt de Tracy ? C'est du quina pour la raison. Voilà toute une école d'hommes graves, qui ont consacré leur vie à l'étude de la philosophie ; et que constatent-ils ? qu'il n'existe au monde que des faits d'expérience, provenant tous d'un fait initial. L'esprit est une table rase, sur laquelle les phénomènes successifs viennent se graver, éveillant les sensations, formant les facultés, organisant peu à peu la machine humaine. Avec l'Idéologie, plus d'erreur possible sur les origines et sur la fin de l'homme : la métaphysique est supprimée du coup. Grâce à l'Idéologie, on pourra voir les ressorts de l'âme comme ceux d'une montre ouverte, étudier le fonctionnement de la colère, de l'ambition, de l'amour. Avez-vous lu Tracy ? »

Entrez dans sa pauvre chambre : vous le trouverez en train de poser une patte, teinte en noir avec de l'encre, sur le trou d'un soulier percé. Il songe avec mélancolie que sa garde robe s'en est allée en pièces ; que Chérubin, après lui avoir promis trois cents francs par mois, envoie deux cents francs, ou cent cinquante, ou rien du tout ; qu'il doit à sa pension, à son hôtel, à son portier, à son tailleur qui le relance tous les matins ; et que sa montre est engagée depuis longtemps. Hélas ! il ne va plus dans le monde, et néglige non seulement les Daru, mais Mlle Duchesnois. La dernière fois qu'il a dîné en ville, il s'est éclipsé avant la fin de la soirée : on aurait pu lui demander de reconduire des dames, et il n'avait pas de quoi payer la voiture. Vingt-cinq sous, et la fièvre : voilà tout son bien. Est-il abattu ? désespéré ? Que non pas ! Il est seigneur et roi, car il tient la sagesse. Il éprouve un immense dégoût pour les charlatans qui vivent de l'universelle tromperie, et pour les sots qu'ils exploitent. Les sots, quelque bons qu'ils soient, lui donnent envie de vomir. Dans quel méphitisme de bassesse et de fausseté ne serait-on pas exposé à vivre, si on ne s'élevait au-dessus de l'atmosphère où végètent les coquins et les imbéciles ! Pour son compte, il plane, il respire dans les pures régions de l'idéologie.

Mais il attend aussi la récompense de sa sagesse, fermement convaincu qu'un jour viendra, où il ne se contentera plus de dominer idéalement la canaille humaine, et où il l'exploitera, comme il est juste. Celui qui connaît les cordes d'une harpe, et sait quel point il faut toucher pour produire des sons aigus ou graves, émeut à son gré ses auditeurs. Celui qui connaît l'intérieur d'un automate, et sait quel point il faut toucher pour qu'à l'instant il remue bras ou jambes, le fait gesticuler comme

Vaucanson. Celui qui connaît l'âme, et les ressorts
de l'intérêt, de la vanité, du désir, de l'envie, agit
sur les hommes ainsi qu'il lui plaît. Un idéologue
qui veut s'en donner la peine joue sur le clavier
des passions, et dirige le jeu à son profit. Les con-
quérants d'autrefois s'imposaient aux hommes par
la force : plus nouvelle, plus sûre, plus élégante sera
la méthode d'Henri Beyle. Tout au plus un peu
de doigté sera-t-il nécessaire : souvent il agira par
bande, comme au billard. O divertissement singulier ! ô profitables délices ! ô perspectives infinies !
ô lutte qui s'engage, et qui prend la forme de la
plus subtile œuvre d'art ! Ce pauvre aux souliers
percés deviendra le maître du monde, non seulement par la science du bien et du mal, mais parce
que les hommes, par lui secrètement dirigés, viendront d'eux-mêmes déposer à ses pieds leurs trésors...

Tous les jours, pendant des années, il ressasse
ces idées ; tous les jours il note les observations
qu'il fait sur lui-même et sur les autres ; tous les
jours, il élabore ce qu'il appelle sa seconde éducation. Quand il se sent las de monologuer, il s'adresse
à Pauline : Pauline, qui est la confidente, l'ambassadrice auprès de Chérubin ou du grand-père
Gagnon ; la bonne camarade habituée à tout entendre ; la sœur provinciale, remplie d'admiration
pour le grand frère parisien, qui connaît Talma ;
l'élève docile. Docile, mais non pas appliquée :
une heureuse, une invincible paresse la défend contre
les lectures que son frère lui conseille, et contre

la manie écrivante : de sorte qu'il peut reprendre dix fois les mêmes recommandations, sans qu'elle s'en lasse et sans qu'elle les suive ; l'essentiel est qu'elle écoute. Quelquefois elle se voit cajolée : elle est alors « mon petit », « ma chère petite Minette », « la bien-aimée de mon cœur », « la fille chérie de mon cœur, pour parler comme Ossian que tu aimes ». De temps en temps, une bourrade à la paysanne, amicale et lourde, secoue sa lenteur : « Allons donc, grosse bringue, déclames-tu ? » — « Allons, grosse vache, presse-toi un peu ; tu es si bringue que tu ne vaux pas l'amitié que j'ai pour toi. Prends du café une fois, et lis l'*Idéologie*... » — Le ton change encore : « Je suis triste, ma chère Pauline, je viens me consoler avec toi... »

Pauline doit être le reflet de son frère : que sera-t-elle ? Elle sera sans illusions ; d'une absolue sincérité avec elle-même ; amie de la vérité, si peu consolante qu'elle paraisse ; et prête à profiter de la bêtise humaine — puisque telle est la règle du jeu — pour assurer à tout prix son propre bonheur. Henri a écrit sur la glace de sa cheminée, à Paris :

Quand un homme te parle, fais-toi avant tout ces questions : 1º quel intérêt a-t-il à te parler ? 2º quel intérêt a-t-il à te parler dans ce sens ? — Ne le crois que quand il a intérêt à te dire la vérité.

Pauline gravera où elle voudra, mais de façon à les avoir toujours devant les yeux, ces règles de vie :

*N'être content d'une démarche qu'à proportion
qu'elle est utile à nos intérêts, et non à proportion
qu'elle nous fait plaisir.*

*Le seul art nécessaire d'une femme pour faire son
bonheur, mais indispensable, c'est celui d'influer sur
les autres et de leur faire faire. sans qu'ils s'en doutent,
sa volonté.*

Pour pêcher un mari (l'aimable Mante pourrait
faire l'affaire, sans doute ; il est riche, bel homme ;
il n'est pas très intelligent : mais il ne s'en aper-
cevra pas, si on ne le lui dit pas) quelle est la conduite à tenir ? Briller ? Marquer en toute occasion
l'éclat de son esprit ? Tout au contraire. Madame
de Staël, qui est une femme supérieure, au style
près, est malheureuse, et son exemple doit servir
de leçon. Il faut feindre d'être modeste, chercher
à plaire en paraissant médiocre ; l'hypocrisie, vice
détestable en soi, devient un moyen légitime d'arriver :

*Sois hypocrite et commence par plaire... Apprends
à être hypocrite. Persuade à chacun que tu es charmée
d'être avec lui, que tu le comptes pour beaucoup,
que son blâme ferait ton malheur.*

Prenons un exemple, dit ce docte professeur :
Pauline voit arriver son amie, désolée de la mort
de son serin, que le chat vient de prendre ; désolée de ce qu'elle a rencontré Mademoiselle Tour-

nadre, mieux parée qu'elle. Que doit-elle faire ?
Elle se gardera bien de sourire ; au contraire, elle
affectera de prendre intérêt à la mort du serin,
de blâmer la coquetterie de Mademoiselle Tour-
nadre. Son amie sera touchée, la portera aux
nues : c'est ainsi que l'on conquiert le monde,
une personne à la fois.

Et que deviendra lui-même le maître de sagesse ?
Un meneur de peuples ? Un nouveau Machiavel ?
Un surhomme ? Tandis qu'il se vante d'avoir tué
les illusions, il en est une, la plus vivace, qui l'écoute,
et qui rit.

CHAPITRE V

A LA RECHERCHE D'UNE BELLE AME

Victorine.

C'était à Grenoble, au moment de son retour
l'Italie. Tout le monde rentrait, les soldats, les
prêtres, les émigrés ; et M. Mounier, qui avait
tenu école à Weimar pendant le temps de son exil.
Victorine, sa fille, était au piano ; elle jouait une
symphonie de Haydn. Voici la belle âme : il faut
l'aimer.

M. Mounier part pour Paris, afin de trouver un
emploi : il emmène avec lui sa fille. De toutes les
raisons qui engagent Beyle à quitter Grenoble,
celle-là n'est pas la moindre, il emboîte le pas.
Hélas ! Le Premier Consul nomme M. Mounier à
la préfecture de Rennes : et Victorine s'en va.

La belle âme s'en est allée ; et l'homme qui ne
poursuit au monde que son intérêt, l'homme qui
ne professe d'autre culte que la logique, la Lo-
gi-que, comme il dit en détachant les syllabes,

reste le plus piteux des amoureux transis. Il
Werther : c'est bien son cas, il est le Werther f
çais. Il relit *Delphine* : il est l'infortunée Delph
au sexe près. Il est l'amant qui pleure la r
devant son quinquet : personne au monde ne
plus malheureux que lui, personne ne fut vic
d'un plus perfide destin. Victorine Mounier e
Rennes ; que fait-elle ? que pense-t-elle ? à qu
méditations livre-t-elle sa grande âme ? est-ell
bal, à la comédie ? entourée d'imbéciles qui o
front de lui faire la cour ?

« Elle serait bien étonnée, si en se promenai
soir, dans les jardins publics, à la tombée d
nuit, elle m'apercevait entre les arbres ! »
doute ; mais s'il est relativement facile de pou
jusqu'à Rennes, quelle hardiesse insensée ne
drait-il pas pour risquer un aveu ? Cependant
torine a un frère, qui s'appelle Édouard : écri
à Édouard, faisons la roue devant lui ; Édo
vantera cet Henri, si séduisant, si fin ; de s
que peu à peu, Victorine éprouvera pour H
ce genre d'intérêt qui précède la passion. Qu
elle ne s'émeut point, rappelons-nous qu'on pi
les femmes par la jalousie, comme disaient
officiers du sixième dragons. Les lettres à Édo
feront valoir les succès mondains, les bonnes
tunes, les triomphes féminins du brillant He
Victorine sera jalouse, et de la jalousie na
l'amour.

Cette admirable tactique resta sans effet
furent peines d'amour perdues. Les mois se

ent, un an, deux ans, et Victorine ne donne pas
igne de vie. La distance et le temps font pâlir
image de l'insensible. Voici qu'un camarade parle
'elle comme d'une grosse fille laide ; et qu'un
utre blasphémateur déclare qu'elle est une « pas
rand chose » : est-ce Dieu possible ? Mais on ne
ésenchante pas à si peu de prix un amant fidèle,
ui soupire toujours.

Tant et tant qu'à la fin de 1804, elle revint à
Paris ; et que Beyle prit la résolution héroïque
le l'aller voir, sous prétexte de rendre visite à
Édouard, au sec, à l'ingrat Édouard. « Je l'ai revue,
e lui ai dit deux mots : « J'ai l'honneur de vous
aluer, Mademoiselle. » Là-dessus, elle m'a fait une
ourte révérence, et fuyait dans son appartement ;
'ai ajouté : « Édouard y est-il ? » Elle m'a répondu,
e crois : « Il est là, Monsieur. » Victorine n'est
pas une grosse fille laide ; si jamais elle a été grasse,
lle est maintenant bien amaigrie. Elle portait
in chapeau de paille à l'allemande, noué sous
e menton avec des rubans bleus. A-t-elle été
troublée ? — « J'étais bien, autant que ma figure,
qui n'a pour elle que ma physionomie, me le permet ; le jabot, la cravate, le gilet, bien ; les cheveux
non massés en génie, parce que je venais de les
faire couper à midi. En général, j'ai dû produire
sur elle cette impression d'élégance parisienne dont
Édouard m'a parlé... »

Risquer une seconde entrevue ; retourner rue
du Bac, gravir l'escalier des De Gérando, chez
qui les Mounier habitent ; affronter Victorine,

risquer des propos aussi décisifs que « J'ai l'honneu
de vous saluer, Mademoiselle... » — c'est une tro
rude affaire, mieux vaut écrire. Après plusieur
jours d'efforts, et vingt brouillons jetés au panie
voici enfin une lettre à peu près satisfaisante, écrit
sur trois grandes pages de papier vélin, en carac
tères imitant la typographie. La lettre est confié
à la poste, et il ne reste plus qu'à attendre l'arrê
du destin.

Victorine ne répondit **pas.**

Adèle.

Adèle est sa petite-cousine, la fille du cousi
Jean-Baptiste Rebuffel, qui a rue Saint-Denis s
boutique et sa maîtresse, et son appartement, s
femme et sa fille rue de Lille, dans la maison de
Daru. Adèle n'a que quatorze ans, en 1802 : mai
elle promet ; elle lui donne une mèche de ses che
veux, et l'embrasse dans l'escalier.

Attention : il ne faut pas que l'occasion soit tro
belle, et qu'une femme ait l'air de s'offrir ; les grande
amours veulent des difficultés, des péripéties, de
luttes, des conquêtes, et une victoire qui ne vien
que tout à la fin. Cette précoce Adèle allèche auss
le cousin Cardon, qui n'est pas un héros, lui ; il
l'air d'une poupée. A son défaut, elle dirigera se
batteries **sur Alexandre Petiet, riche, bête, pât**
à mari. Adèle n'est pas une créature supérieure
une Héloïse ; sèche, égoïste, cupide, occupée de se

petits effets de vanité, habile à jouer la comédie,
elle est incapable de comprendre la passion, seul bien
de la vie.

Adèle ne s'est jamais doutée de ce qui s'est passé
dans la tête du cousin Henri, qu'elle a toujours
considéré comme un peu bête, le soir où elle était
à sa coiffeuse, devant son miroir ; et il la regardait ;
et elle n'a pas senti ce regard qui se posait sur elle ;
elle n'a pas connu son arrêt. « Pour un homme à
qui Lavater a ouvert les yeux sur les physionomies,
et qui a éprouvé lui-même la signification des traits,
il est très curieux d'assister, lorsqu'on est sans
conséquence, à la toilette d'une jolie femme. C'est
l'affaire la plus importante : elle est elle-même, et
l'on juge. Je n'ai vu que : âme sèche, absence de
passions douces, cruauté. » Décisive condamnation,
portée le plus tranquillement du monde, sans regret
et sans colère, par un juge qui redevenait lucide dès
qu'il cessait d'être amoureux. Il ne lui en voulait
pas. Même il lui resta reconnaissant de la coquetterie
qu'elle avait déployée pour lui plaire ; et il compta
parmi les meilleures aubaines de sa vie l'instant
où elle s'était appuyée sur son épaule, confiante et
presque tendre, au feu d'artifice de Frascati.

Mélanie.

Comme ils en vinrent aux prises, comme ils
luttèrent, tous ces caractères ennemis qui vivaient
en lui-même, lorsqu'il se décida pour Mélanie
Louason !

Parmi les femmes qui fréquentaient chez Dug
zon, faisant valoir leurs grâces et déclamant
tragédie, Héloïse paraîtrait-elle enfin ? Aimab
et fière ? Difficile à conquérir, et accessible ? Dési
téressée ? Capable de distinguer le vrai mérite,
de le préférer à la beauté, à la richesse ? Intelligen
et sensible ? Tendre et avisée ? Comprenant bi
qu'il ne suffit pas de se laisser aimer, et qu'il fa
adorer en retour ? Mademoiselle Rolandeau, M
dame Lestrange, la petite Félipe, ou Mélan
Louason ?

Celle-ci était actrice de profession, aspirante à
gloire de jouer la tragédie au Théâtre Français
on sait de reste que les actrices projettent toujou
un reflet de leur gloire sur l'homme auquel ell
réservent leurs faveurs ; l'avantage n'est pas
dédaigner. Son profil était pur et même sévèr
comme celui des statues grecques ; ses yeux étaie
bleus, et immenses ; elle avait de la grâce da
tous ses mouvements. Pour concéder quelque cho
à l'imperfection humaine, elle était à la vérité
peu maigre ; sans doute à cause de ses malheu
« Ma mère », racontait Mélanie, « fille unique
fort belle, avait si mauvais caractère qu'elle alla
jusqu'à souffleter mon père ; et celui-ci était rédu
à faire semblant d'en rire. On voulut l'appeler
son chevet, quand il mourut ; mais il refusa de
voir : « Non, non, dit-il, laissez-moi mourir en paix.
— Mélanie ajoutait qu'elle avait un frère, ass
mauvais sujet, crapuleux, mais délicat sur l'argent
qu'elle avait été déchirée par ses ennemies, trah

par ses amies, et qu'elle serait malheureuse toute sa vie, elle était née pour le malheur.

L'Homme aux mille lectures, qui dévore les histoires d'amour, passant de la *Religieuse portugaise* aux *Lettres d'Abélard*, de *Roméo et Juliette* à *Othello* ; le Mondain, qui ne voit autour de lui que paires et que couples et qui finit par être agacé de se trouver toujours seul ; le Têtu, décidé à se lancer dans quelque aventure, parbleu ! c'est bien son tour ; l'Auteur, songeant à la fructueuse union d'une actrice de talent avec un poète de génie ; le Sensible, le Tendre, tous ces gens qui voisinent chez Henri Beyle, le poussent à aimer Mélanie, et à consoler ses beaux yeux.

Mais chez lui habitent aussi le Méfiant, le Critique, qui se hâtent de faire naître des soupçons. Pourquoi Mélanie a-t-elle des boutons sur les joues ? Est-elle malade ? Sans compter qu'elle n'est pas très fraîche ; elle a passé par bien des mains : Hoché, le rédacteur au *Publiciste* ; Saint-Victor, le poétereau, auteur de l'*Espérance* ; Martial Daru, qui la traite comme une femme qu'on a eue, et lui donne des coups de cravache tandis qu'elle répète *Phèdre* ; Blanc, Wagner, Chateauneuf, tournent présentement autour d'elle ; et tous ceux qu'on ne connaît pas, toujours plus nombreux que ceux que l'on connaît. Est-elle capable d'un amour sincère ? Ou cherche-t-elle un homme riche ? Alors elle est bien mal tombée. Hier, en parlant de son père, elle s'est attendrie, elle s'est essuyé deux fois les yeux : seulement, dans ces yeux, il n'y avait pas de larmes.

D'ailleurs aime-t-il lui-même ? La dernière fois qu'il a vu Mélanie, il a noté qu'il n'avait pas eu un seul mouvement naturel, qu'il n'avait débité que des morceaux appris, tel que l'acteur Fleury les récite tous les soirs à la comédie. Là-dessus apparaissent le Timide, le Paralysé, qui ont toujours peur d'agir ; voire le Nigaud, qui quitte Mélanie au bas de l'escalier alors qu'il pourrait l'accompagner dans sa chambre, qui se contente de petites promenades et de petites dînettes, sans jamais arriver à rien de décisif. Ce sera pour Mercredi ; pour Vendredi ; toujours pour la prochaine fois. Furieux contre tous ces personnages ridicules, il leur dit leur fait : « La veux-tu savoir, la raison, nigaud ? C'est que jusqu'ici, tu n'as eu que la force des passions pour toi. Tu te croyais bien fort, parce que tu étais passionné : tu n'as point de caractère ; sublime dans tes châteaux en Espagne extraordinaires, mais point bon dans le monde... »

Elle triomphait, cette sensibilité maladive qui donnait à sa vie une violence inconnue à celle des autres hommes. Pour tant d'autres hommes, vivre, c'est accepter la succession monotone des travaux et des jours, des plaisirs modérés et des peines passagères. Mais Beyle, transporté par une lecture, épuisé par un spectacle, frémissant devant une idée, s'évanouissant pour un souvenir, vibre sans cesse, vibre depuis l'aube jusqu'à la nuit. Tous ses plaisirs sont décuplés, et centuplées ses peines ; l'inflexion d'un mot, un geste à peine esquissé suffisent à le porter d'un coup au comble de la tristesse, au comble de la joie. N'oublions jamais, quand nous parlons de sa sensibilité, l'observation qu'il a faite sur lui-même ₁

Mes médecins, quand j'étais malade, m'ont toujours traité avec plaisir, comme étant un monstre pour l'irritabilité nerveuse. Une fois, une fenêtre ouverte dans la chambre voisine dont la porte était fermée me faisait froid. La moindre odeur (excepté les mauvaises) affaiblit mon bras et ma jambe gauche, et me donne envie de tomber...

Tous les contacts lui sont des heurts ; au moindre souffle d'air, qui passe sans les émouvoir sur les peaux épaisses, il frissonne ; une ombre qui l'effleure le fait souffrir ; il sursaute, comme un fiévreux qu'ébranle un bruit lointain. Ses chagrins sont toujours mortels ; et rares ses délices, elles-mêmes exaspérées. Mélanie s'offense d'un respect retardataire et qu'elle ne comprend plus : peu importe, sa conquête prend les proportions d'une gigantesque entreprise, dont la difficulté l'effarouche. Cheval ombrageux, il se cabre : il prend une feuille morte, un papier qui voltige, pour un dragon monstrueux. La passion l'emporte, et il n'est le maître ni de son imagination, ni de ses sens, ni de son cœur.

« J'ai trouvé un engagement », lui dit Mélanie, en le regardant du coin de l'œil, « et je suis presque décidée à l'accepter, car on me fait des conditions extraordinaires : on me propose six mille cinq cents francs pour la saison. C'est au Grand Théâtre de Marseille... »

Marseille : à ce mot, Beyle tressaille, et reconnaît l'intervention d'une Fortune amie. Marseille : c'est justement à Marseille qu'il voulait se rendre, sans oser le dire. Il avait presque décidé, lui aussi, d'abandonner l'apprentissage de la gloire et de la sagesse, d'abandonner ses vaines tentatives amoureuses, d'essayer de gagner de l'argent, de fonder une banque avec son ami Mante : lequel s'était installé à Marseille, afin de s'initier aux affaires. En un clin d'œil tout s'arrange : Mélanie partira pour Marseille, où elle doit débuter dans *Tancrède* ; après avoir passé par Grenoble, et intéressé Chérubin à ses projets financiers, il la rejoindra. Mante lui a trouvé une place dans l'épicerie en gros, chez Meunier et Cie : va pour l'épicerie. Le jour, il travaillera ; le soir, il écoutera Mélanie au Grand Théâtre ; ils habiteront ensemble, consommeront leur bonheur, et s'aimeront pour la vie.

A Marseille, dans l'épicerie.

Du soleil ; la lumière ruisselle. Du mouvement : les gens parlent avec leurs bras. Dieu ! qu'ils ont l'air affairés ! Ils se démènent, ils crient, ils chantent : ils doivent avoir grand besoin de se reposer, le soir. Et qui reste dans les maisons, si tout le monde est dans la rue ? Des marchands, des commis, des matelots, des Hindous avec leur turban, des Turcs avec leur fez, et ce Chinois que tout le monde regarde : il regarde tout le monde, sans bouger les yeux. Des femmes aux yeux hardis, et dont les cheveux lisses ont des reflets bleus. Des odeurs de poisson, de friture, d'oignon, d'ail ; la brise marine tout d'un coup vient laver l'air, et laisse aux lèvres un goût de sel. Des ruisseaux malodorants, des immondices, des papiers graisseux, des écailles de poisson, des pelures d'oranges ; que d'oranges on consomme dans cette ville ! De sales ruelles, avec des filles en jupon à chaque porte ; et voisinant sans vergogne avec les cabarets et les échoppes, de nobles palais. De la gaîté ; mieux que de la gaîté, de la joie ; mieux que de la joie, l'ivresse de vivre, partout épandue. Au bout d'une large avenue où la foule se presse, une masse azurée sur laquelle on voit danser des mâts et palpiter des voiles...

Lorsque Beyle s'établit à Marseille, au mois d'Août 1805, il se sentit, canicule à part, au comble de la félicité. Enfin il était l'amant d'une actrice, la première actrice du Théâtre de Marseille, qui dédaignait les beaux papillons voltigeant autour d'elle pour n'adorer que son vainqueur. La nature entière n'a jamais formé caractère plus beau que celui de Mélanie : c'est Madame Roland, mais avec plus de grâce, car elle possède cette délicatesse extrême des âmes d'artistes, cette tendresse aimable que seul, le Tasse a su peindre dignement. Elle aussi désirait connaître un cœur qui fût sensible comme le sien ; et désespérant de le trouver, elle avait pris l'habitude de la tristesse. Il faut qu'elle s'habitue au bonheur, maintenant. La vie est belle.

Septembre. — *Belle âme* ne suffit pas ; disons une âme sublime. Et puisque Mélanie, au temps où elle était victime de l'ingratitude des hommes, a mis au monde une fille qui est sans soutien sur la terre, adoptons-la ; bien plus ! faisons-la passer pour notre propre fille, dût Chérubin en crever de dépit. Toutefois, l'âme sublime persiste à se montrer dolente, ce qui n'a plus de raison d'être ; et elle est jalouse, ce qui est désobligeant.

Octobre. — Mélanie continue d'être sublime : peut-être même est-elle trop parfaite pour cette terre, qu'elle s'obstine à considérer avec mélancolie : triste disposition. qui l'incline à ne voir que le mauvais côté des choses. Elle devrait lire, étudier l'Idéologie, remède à tous les maux de l'âme ; se nourrir de Cabanis, de Destutt de Tracy : ne prétend-elle pas que ces livres sont difficiles à comprendre, et même ennuyeux ? Du reste, elle n'est pas très bien portante ; elle a une douleur entre les deux épaules ; les âmes basses avec lesquelles elle avait eu à faire jusqu'ici l'ont littéralement assassinée. Pauline devrait lui écrire, lui témoigner de l'estime et de l'affection pour dissiper son humeur noire.

Janvier. — Quelque heureux qu'on soit, on a au moins sept à huit chagrins par jour : mieux vaut faire l'apprentissage de la souffrance que de poursuivre un bonheur impossible. La vie est triste.

Février. — Mélanie ne cherche pas seulement le malheur, elle s'y précipite. Elle trouverait le moyen d'être malheureuse avec un mari qui serait conseiller d'État, et qui aurait dix mille francs de rente...

Tout va decrescendo, le commerce comme l'amour. Au début : le commerce est passionnant ; chez Meunier et C^le, un employé sérieux est occupé du matin au soir ; la Douane, le Poids, la Bourse, les courses pour les recouvrements, les lettres à lire, (aussi mal rédigées que mal pensées, à vrai dire,) et l'eau-de-vie à peser, et les sucres qui montent ou qui descendent on ne sait pourquoi, et les mélasses qui suivent leur exemple ; et quelles journées ! on travaille comme dix. — Un peu plus tard : le commerce a au moins ceci d'utile, qu'il oblige à écouter huit heures par jour les bêtises que débitent les hommes ; les deux premières heures, on gémit ; les six autres, on observe. — A la fin : l'épicerie est sans aucune espèce d'intérêt ; rien à faire dans l'épicerie. D'ailleurs les affaires de Meunier et C^le ne marchent pas. Les Anglais bloquent les côtes, le sucre et le café, les clous de girofle et la cannelle n'arrivent plus. Seule la banque est digne d'un esprit supérieur, les vastes spéculations, les coups de génie. Mais les capitaux manquent ; Chérubin, qui se représente son fils comme étant vêtu du sarrau blanc des garçons épiciers, et fourré par surcroît dans les jupons d'une actrice, n'est pas disposé à desserrer les cordons de sa bourse.

Decrescendo, decrescendo. Marseille qui était d'abord une ville amusante, une ville animée, et pleine de ressources, s'enlaidit à vue d'œil, ville poussiéreuse, ville sans arbres ; comment s'attendrir, quand vient l'automne, si les feuillages jaunissants manquent aux mélancolies ? Au théâtre de Marseille, les spectateurs bavardent et crient de telle sorte qu'ils étouffent la voix des actrices de talent : pour plaire, il faudrait hurler plus fort que le public. D'ailleurs l'impresario a fait faillite et ne paye pas sa troupe. « Pas l'ombre d'amusement ici, pas même de société. Des femmes archicatins qui se font payer ; des hommes grossiers qui ne savent que faire des marchés : lorsqu'ils se trouvent mauvais, ils font banqueroute ; s'ils sont bons, ils entretiennent des filles. Quel séjour, lorsqu'on a habité Paris ! Mais je m'aperçois que je deviens dolent comme une complainte... » Il s'aperçoit aussi qu'il a des dettes à Paris, à Grenoble, à Marseille ; que son dernier habit noir est troué sous les manches, que son dernier habit bleu menace de le quitter, et qu'il n'a pas de redingote pour les jours de pluie. Bref il s'enfonce : « Je suis embarqué sur une pauvre planche ; et bien des endroits de cette pauvre planche sont pourris. »

Aussi, quand sa compagne d'infortune eut terminé son engagement, et regagna Paris, éprouva-t-il une grande tristesse, et un vif soulagement. La raison sociale Henri Beyle et Mélanie Guilbert, dite Louason, installée à Marseille pour l'exploitation de l'art tragique, de l'épicerie, et du bonheur, en moins d'un an fit faillite. S'en suivirent deux liquidations. La première :

Mélanie Guilbert à Henri Beyle.

Paris, 10 *Juin* 1806.

Depuis six semaines, tu me répondras, dis-tu, demain, après-demain, quand tu n'auras pas une heure, un moment d'ennui qui te trouble l'esprit. Bien, mon ami, il ne faut pas te presser. J'estimerais cependant davantage une marche franche à ces petits détours qui peuvent éluder ta réponse tant qu'il te plaira, mais non pas m'en imposer longtemps.

Je t'ai demandé :

1. Si, dans le cas où je pourrais suppléer par mes faibles talents à ce que te donnent tes parents, si, dis-je, tu me portais assez d'attachement pour sacrifier tes espérances de fortune dans le cas où il faudrait choisir entre ce sacrifice et celui de ma personne.

2. D'examiner lequel de nous a le sort le plus stable, afin que l'autre s'y abandonnât entièrement et que nous ne fussions plus forcés de nous séparer.

3. Si tu es assez faible ou si tu m'aimes assez peu pour me sacrifier à la volonté de tes parents, ou bien à tes projets d'ambition.

4. Enfin, si ton intention est bien de passer ta vie avec moi, de me la consacrer entièrement, quelque chose qu'il puisse en arriver, de me dire en galant homme, et après y avoir mûrement réfléchi, si c'est bien là ta volonté irrévocable ; et de m'avouer le contraire, si cela n'était pas.

J'attache ma tranquillité à cet éclaircissement ; je te donne les témoignages de la plus vive tendresse, du plus tendre attachement : je t'en ai même donné des preuves incontestables ; et à tout cela tu me réponds

qu'il fallait rejeter sur l'âge l'inconséquence d'une conduite un peu légère à la vérité ; que s'il avait abandonné jadis l'état militaire, la faute en était à lui-même, Docteur Henri Gagnon, et à Chérubin Beyle, qui avaient le tort de n'aimer point, faute d'habitude, la carrière des armes ; que les années mûrissent un jeune homme dont l'âme n'est pas méchante ; et qu'enfin il se portait garant de la constance d'Henri, et de ses futurs succès.

Ledit Henri, s'il n'osa pas aborder de front Pierre Daru, fit du moins le siège de Martial : de Martial, qui lui vantait autrefois, à Milan, les charmes des actrices, et n'avait pas le droit d'être sévère pour les péchés d'amour. Une petite place au Bureau des Revues, si brillamment dirigé par Martial Daru, était désormais sa plus chère ambition. « S'il vous faut un homme qui travaille dix heures par jour, le voici. S'il est auprès de vous, il n'a pas besoin de parler de sa constance, et il demande avant tout deux ans d'épreuves. »

Il revint à Paris, où tout le monde lui fit la leçon, même Adèle Rebuffel, qui ne comprenait pas son goût pour les actrices. Il fréquenta les théâtres, lut Hobbes, Helvétius, Destutt de Tracy, revit Mélanie, fit un pèlerinage à Montmorency, pour voir la maison de J.-J. Rousseau, et de nouveau s'ennuya.

Le roi de Prusse a déclaré la guerre à Sa Majesté l'Empereur des Français : le jour de gloire est arrivé. L'enthousiasme est universel : les journaux racontent qu'un canonnier de Vincennes se meurt du chagrin de ne pouvoir partir ; et que les chasseurs qui se trouvent à l'infirmerie de l'École militaire sautent par les fenêtres pour rejoindre leur bataillon. Allons, la pénitence a suffisamment duré, Beyle partira, comme tout le monde. D'abord dans les bagages du bon Martial : une fois en Allemagne, on s'arrangera. Il est nommé adjoint provisoire aux commissaires des guerres, le 29 octobre 1806.

CHAPITRE VI

LE BALAI DE LA GUERRE

Longues étapes hâtives, sans repos ; on couche dans les granges, et le lendemain, on repart avec du foin dans les cheveux. Villes inconnues, visages obscurs qui regardent sans qu'on ait le temps de les regarder. Que Pauline suive son frère sur la carte : par Metz, Hombourg, Mayence, Francfort-sur-le-Mein, Hanau, Aschaffenbourg, Würtzbourg, Werneck, Münnerstadt, il va rejoindre l'armée, et l'Empereur. Dans tout ce mouvement, l'esprit ne saurait travailler : « le pauvre diable est obligé de dormir. » Au reste, après les crises, il est doux de se laisser conduire et de ne plus penser. L'anxiété d'une âme toujours tendue se relâche ; on a l'impression de ne plus être responsable de soi-même, et de s'abandonner au destin.

Berlin, cette ville bâtie sur le sable ; la Sprée, dont les eaux ont couleur d'huile verte. Puis un brusque arrêt : ordre de prendre le service de la place, à Brunswick.

Alors commence le métier : des contributions à lever ; des papiers à remplir, ils s'amoncellent à l'heure de la signature ; des généraux à recevoir, des troupes qu'il faut loger, des à-coups, des nuits passées au travail. Des difficultés avec le ministère de la guerre, naturellement : si on n'avait affaire qu'aux ennemis, on s'arrangerait encore ; mais ce sont les Français qui sont ennuyeux.

Et des loisirs. Des plaisirs de vanité, ma foi ! fort délectables. Un bel uniforme ; des chevaux. Monseigneur, lui disent les Allemands, l'échine basse ; Monsieur l'Intendant, disent les Français. La ville de Brunswick n'est pas belle ; elle est bizarre, avec ses maisons de bois, ses monuments bâtis dans le style affreux qu'on appelle le gothique ; mais elle est accueillante. Un Allemand qui plut à Beyle, et qui devint « son seul ami dans la langue d'ja », nous a dépeint la vie qu'on y menait, vers cette époque. « Au début de l'année 1807 », raconte M. de Strombeck dans ses *Souvenirs,* « la ville de Brunswick offrait un aspect bien extraordinaire. Jamais la vie n'y fut plus brillante que pendant l'occupation française. Le gouverneur avait ses quartiers au château ducal, l'intendant Martial Daru était installé au palais Bever. Au château comme au palais, les bals et les dîners de gala se succédaient ; en ville, la noblesse rivalisait de zèle pour offrir des fêtes aux autorités françaises. Les jeunes femmes se montraient dans leurs plus belles parures, elles paraissaient ignorer que les Français étaient des ennemis. On traitait en invités des hôtes qu'on n'avait pas priés. Il faut dire à leur honneur qu'ils s'acquittaient avec la plus grande humanité de leurs vilaines fonctions. L'intendant Martial Daru se distinguait particulièrement sous ce rapport.

... Mais je connus de bien plus près son proche parent, le commissaire des guerres de Beyle, natif de Grenoble. Je puis dire en vérité que nous sentions de l'amitié l'un pour l'autre. C'était alors un jeune homme de culture scientifique, âgé de vingt-six ans environ, que distinguait une vanité toute française, doublée d'une bonhomie sans pareille. Il me rendait visite presque tous les jours, m'accompagnait dans mes promenades à cheval, et faisait des séjours dans ma maison de campagne : nous fîmes même ensemble des excursions dans le Harz et sur le Brocken. Il veillait aux intérêts de ma Princesse avec un soin presque égal au mien, et ses conseils se trouvèrent toujours avisés... »

— M. de Beyle, dit Strombeck : est-ce par respect ? Est-ce par erreur ?

— Non pas : Beyle lui-même a placé la particule devant son nom, et tout doucement s'est anobli. De Beyle, cela sonne mieux ; cela distingue de la canaille.

Il tuait le temps comme il pouvait, et ma foi sans trop de peine. Il jouait au piquet ou au billard, tirait au pistolet, chassait, caracolait sous les fenêtres des belles ; il chantait même, ne vous déplaise. Monsieur le Grand Juge, Monsieur le Grand Veneur, Monsieur le Conseiller Aulique et

Madame la conseillère, son épouse, l'admettaient dans leur société. Un général von Griesheim, favori du duc de Brunswick, et comme lui disgrâcié par l'Empereur, avait une fille nommée Wilhelmine, gaie, svelte, et toute blonde. Il s'éprit d'elle, et fut repoussé, non sans piqûre d'amour-propre, mais sans folie : ce fut encore un passe-temps. Et l'épaisse Charlotte Knabelhüber lui en fournit un autre, plus prosaïque et plus matériel. Par intervalles, une petite **fête** : trois tasses de thé, des femmes aimables ; l'esprit se réveille, l'imagination travaille... Mais ce sont là plaisirs dangereux, dont il ne faut pas abuser.

Ces Allemands au milieu desquels nous sommes appelés à vivre, quelle espèce représentent-ils, parmi toutes les variétés humaines ? Regardons-les ; c'est notre devoir d'Idéologue et c'est notre plaisir. Comme traits spécifiques, ils sont vertueux ; et la preuve, c'est que tout en aimant les femmes, ils ne les trompent pas ; ils sont sincères, loyaux, honnêtes, et cultivés : les Parisiens croiraient à peine qu'on imprime plus d'ouvrages en Allemagne qu'en France, chaque année. Mais quand on a fini d'énumérer toutes leurs qualités, reste un défaut capital : ils manquent de caractère. Ou bien les Germains ont dégénéré, ou bien Tacite a menti, quand il décrivait la férocité de leurs mœurs. Avilis par leurs princes et leurs hobereaux, formalistes endiablés, tâtillons, abêtis par la lecture de la Bible et le chant des cantiques, gonflés de pain noir, de bière et de café au lait, c'est du vin qu'ils devraient boire, et du plus généreux, pour émoustiller leurs cerveaux épais. Soyez des fripons, des gredins, des criminels : mais ayez du caractère, et secouez-vous un peu. Rien de plus mortellement ennuyeux que l'apathie, que la soumission à l'autorité, que l'obéissance aux règles et aux lois. Ah ! que les Allemands sont ternes ! Et aussi les Allemandes : bien faites, roses et grasses, provocantes de santé, elles sont ennuyeuses à mourir ; de vraies pièces de bois.

L'Allemagne recueillie et frémissante, l'Allemagne qui attise à ses foyers secrets le feu des grandes vengeances bibliques, l'Allemagne qui s'arme en silence, il ne l'a pas vue, il ne l'a pas soupçonnée. Picorant à droite et à gauche, bavardant à tort et à travers, curieux, vif, désinvolte, et léger ; hâbleur et racontant à ses camarades de folles histoires, pour le plaisir de voir leurs yeux s'écarquiller ; heureux de sentir sa timidité s'évanouir, au moins lorsqu'il était loin de Pierre Daru, de prendre plus d'aisance, plus d'aplomb ; content de voir l'argent reprendre le chemin de ses poches, et de payer bourgeoisement ses créanciers ; portant beau, sensible au bien-être et à la gloriole, engourdi quelque peu, M. l'adjoint aux commissaires des guerres règne paisiblement en sous-ordre sur la fade Germanie, son domaine ; cette vie-là dura deux ans.

*
* *

L'empereur d'Autriche a déclaré la guerre à Napoléon ; « La liberté de l'Europe s'est réfugiée sous vos drapeaux », a dit l'archiduc Charles à ses soldats ; « vos victoires feront tomber ses chaînes ; et vos frères allemands, aujourd'hui encore dans les rangs ennemis, attendent leur délivrance. » — Napoléon a répondu : « J'arrive avec la rapidité de l'éclair. »

Ordre du 28 mars 1809 : vingt-huit commissaires des guerres, dont M. de Beyle, se rendront à Strasbourg, pour se mettre à la disposition de M. l'intendant général Pierre Daru. — Cela fait une bande de gaillards qui se soucient de la littérature et de l'idéologie comme d'une guigne. Ils vivent en bons camarades ; en d'autres termes, ils se donnent le droit absolu d'intervenir à tout moment dans les occupations du voisin, qu'il lise, qu'il écrive, ou qu'il rêve ; et ils s'observent jalousement, prêts à arrêter celui qui voudrait avancer plus vite que les autres, faussant compagnie à ceux de la promotion. Beyle enrage. Entre autres, un dénommé Fromentin, avec sa figure pleine de taches de rousseur, sa mine intrigante et fauve, est à gifler : comme une paire de claques s'appliquerait bien sur ce visage sournois ! *

Les commissaires des guerres suivent l'armée qui s'avance vers l'Autriche ; Pierre Daru plus que jamais est exigeant, vétilleux, pointu. Étourdi!

semble-t-il dire chaque fois qu'il jette les yeux sur Beyle ; vous ne serez jamais qu'un étourdi ; qu'attendre d'un étourdi comme vous ? Sur ce, il lui réserve les belles corvées, les bonnes bourrades. Les gens de l'avant réclament, les courriers se perdent, les convois s'égarent, les ordres s'exécutent à contre-sens, Pierre Daru tempête : quelle bagarre ! On croise des fourgons, des canons, des détachements qui arrivent, des blessés qui partent : quel tapage ! quelle cohue ! On traverse des champs de bataille où gisent encore les cadavres, des bivouacs abandonnés, des villages incendiés dont les débris sont fumants. Quelquefois, on est menacé par des bandes ennemies, qui courent le pays ; on se couche tout habillé, en alerte. Quelle est cette voix du nez qu'on a entendue toute la nuit, demandant de l'eau ? — C'est un officier blessé d'un biscayen entre les deux épaules, qui achève de mourir.

A peine est-il permis de souffler un peu quand on arrive à Vienne. Les femmes y sont jolies ; excellente, la musique ; Madame Pierre Daru est venue rejoindre son mari, on peut lui faire une cour à laquelle elle ne paraît pas insensible. Mais est-ce jouir du plaisir que de le happer au passage, sans avoir le temps de le savourer, de l'analyser, de le commenter, et de savoir même s'il s'agit bien d'un plaisir, d'un vrai plaisir ?

C'est par toutes ces expériences que l'homme, se modelant suivant des lignes plus sèches et plus nettes, fait jaillir d'une maquette longtemps incer-

taine sa définitive statue. Sa volonté s'est affermie ;
son esprit se plaît à lui-même, s'accorde des habitudes et des manies. Ses yeux, pour avoir vu tant
de spectacles, et si affreux, — le soldat aux jambes
carbonisées, le long de la route ; le cheval mort
qui se tenait encore debout — prennent un regard
plus dur ; et pour avoir lu tant de choses sur la
physionomie des hommes, un regard plus inquiet.
La voix, incertaine en sa jeunesse entre un timbre
trop bas ou trop haut, s'est décidée ; elle a le ton
du commandement. Le geste aussi s'est décidé ;
il a perdu sa gaucherie, sa mollesse. Le pas, déjà
moins vif, est plus ferme. Les épaules, plus vigou-
reuses et plus carrées, portent allègrement le poids
des jours, qui plus tard les courberont. L'être est
plus fort ; il est moins frais : les jours printaniers
sont finis.

*
* *

Il ne faut pas dire : « Enfin justice est rendue à
mon mérite ; après mes campagnes, les lauriers.
Je marque d'une croix rouge les jours heureux de
ma vie : le 1er août 1810, auditeur au Conseil d'État ;
le 10, inspecteur de la comptabilité du mobilier
et des bâtiments de la couronne : deux sinécures
valent mieux qu'une, surtout si elles sont bien
payées ; je suis riche, et je le montre, en étalant
une grosse chaîne d'or sur mon gilet. Je ne déjeune
qu'au Café de Foy, je ne dîne qu'aux Frères Provençaux ; les étrangers et les provinciaux demandent, en remarquant la manière dont je commande

mon œuf à la coque : Quel est ce grand seigneur ?
Et le garçon leur répond : C'est M. de Beyle ; c'est
un dandy. Les femmes, auprès desquelles j'éprou-
vais jadis quelques difficultés, parce que l'émotion
excessive m'enlevait tous moyens, me sont maintenant favorables. Si je n'ai jamais réussi à plaire
au comte Pierre Daru, favori de l'Empereur, au
moins ai-je plu à la comtesse, sa femme, qui ne
m'est pas cruelle, il s'en faut du tout. D'autre part,
Angelina Bereyter, ma maîtresse, est charmante ;
c'est une chanteuse, bien supérieure à toutes les
actrices ; elle n'a pas sa pareille pour la musique
italienne, et c'est un plaisir rare que d'entendre
les airs de Paisiello sortir des lèvres aimées. Les
soirs où elle chante pour le public, jamais je ne
manque l'Odéon et l'opéra buffa ; les autres soirs,
jamais je ne manque la Comédie-Française. Ainsi
j'ai retrouvé le plaisir de la musique et celui du
théâtre, et je savoure mes jours heureux. J'ai des
chevaux ; j'ai un tilbury qui vient m'attendre à
la sortie du spectacle ; au logis, je trouve sur ma
table vin de champagne et perdreau froid. Je
regarde tour à tour la *Leda* du Corrège, accrochée
au mur ; et Angelina, moins belle, mais plus vivante. Les dieux sont bons et justes, et me com-
blent de leurs faveurs.... »

Il faut se garder d'exciter ainsi leur colère, et
de provoquer les effets de leur ressentiment.

Ce courrier qui est chargé de rejoindre la Grande
Armée, en Russie ; qui passe dans les ministères
pour prendre les grandes enveloppes cachetées et

a moureusement : *A tour through some parts o
Italy...* Au mois d'août 1811, l'auditeur au Conseil
d'État, inspecteur du mobilier et des bâtiments
de la couronne, faute d'une mission officielle,
demande un congé, et part. Quatre mois de vacances,
trois mille francs dans sa poche, l'enivrement de
la liberté retrouvée : fut-il jamais moment plus
heureux ?

⁂

Le Dimanche 8 septembre 1811. — J'ai éprouvé hier
soir et aujourd'hui des sentiments pleins de délices. Je
suis sur le point de pleurer... Dirai-je ce qui m'a le plus
ému en arrivant à Milan ? On va bien voir que ceci
n'est écrit que pour moi. C'est une odeur de fumier
particulière à ses rues. Cela, plus que tout le reste, me
prouvait apparemment que j'étais à Milan...

Il était arrivé vers cinq heures ; les détails de la
douane et de l'auberge lui avaient pris une heure,
le dîner autant ; il était allé au Corso di Porta
Orientale, et ensuite à la Scala, où il avait failli
se trouver mal et fondre en larmes. Puis il s'était
recueilli.

Oui, ce qui le ramenait après dix ans d'absence,
c'était le désir de revoir l'Italie, et Milan, et la
Scala ; c'était le désir de retrouver la trace de
l'adolescent voluptueux qui pleurait en attendant
les belles ; et c'était un autre désir encore, si peu
raisonnable qu'il osait à peine lui permettre de

venir au jour. C'était son désir le plus bizarre, le plus fou, le plus impérieux, le plus cher. Le bonheur que la vie lui devait, jamais il ne l'avait atteint ; les femmes qu'il avait aimées, toujours l'avaient déçu. Mais il en restait une qu'il avait adorée en silence. lors de son premier séjour ; une apparition que ses rêves avaient transformée en beauté surhumaine : Angela Pietragrua, la déesse. Son cœur n'aurait point de repos, s'il ne la retrouvait ; son existence serait sans joie, s'il ne courait la décisive aventure, s'il ne revenait vers le bonheur et vers l'amour.

Allons, plus de délai, il faut se mettre en quête d'Angela. Son père, l'honnête Borrone, qu'il est facile d'aborder puisqu'il tient boutique, lui donne son adresse : c'en est fait...

Ah ! quel embarras ! quelle gêne ! Par où commencer ? Que lui dire ? — « C'est moi, Henri Beyle, l'ami de Joinville, vous souvenez-vous ? » — Elle ne se souvenait plus ; elle se souvenait à peine. Et d'où sortait ce revenant ? Mais enfin, elle ne le repoussait pas ; et même elle lui souriait, vaguement. — « Ma che cosa mi dice ! Pare impossibile !... » — Il en conclut qu'elle était toujours aimable, comme autrefois ; qu'elle se laisserait aimer, peut-être : et du coup, il tomba dans le plus profond désespoir.

« La timidité naquit ; dès cet instant, un noir affreux remplit mon âme... » Il se regardait avec colère, avec fureur. Ce singulier personnage, qui achetait une canne pour n'avoir plus les mains

derrière le dos, « à la papa », et qui se trouvait
« avoir dans la main une bonne douzaine de tours
de canne qui prouvent à n'en pas douter un homme
du grand monde et un homme à femmes » — c'était
lui. Ce lion, qui aurait « trouvé du plaisir à déchirer
des chairs sanglantes », c'était lui. Il se donnait
la comédie, enragé contre lui-même, enragé de voir
qu'il n'était plus qu'un esclave fou.

Alors la déesse se pencha vers ce mortel timide :
peine perdue. « Ce qu'il y a de comique dans ma
rage », observe-t-il en notant le soir ses impressions
du jour, « c'est que je vois en écrivant que je n'ai
qu'à me louer de Madame P. Au théâtre, elle m'a
plusieurs fois regardé avec attention ; j'ai été accablé
de marques d'attention et de prévenances ; enfin, en
prenant une tabatière, lui ayant légèrement serré
la main, elle a cherché et trouvé sur-le-champ
l'occasion de me la serrer de la manière la plus
marquée. »

La dame avait d'abord été surprise : bien
qu'elle ne fût pas sans une large expérience, elle
n'avait pas encore eu l'occasion de voir apparaître
devant elle un homme qui disait l'adorer depuis
dix ans, et qui ne lui avait jamais donné signe de
vie. A la réflexion, elle se souvenait bien du Chinois : mais non pas comme d'un amoureux
transi ; comme d'un être très gai, au contraire. Tout
cela était bien étrange ; elle dut appeler à son
secours les souvenirs de quelques romans, où l'on
trouve ces sortes d'aventures, à la gaîté près. Puis
elle fut piquée au jeu : ces prétentions à l'élégance,

ils n'en demandent pas davantage. En Italie, tout est grandiose ; en France tout est mesquin : et par exemple à Milan : « Il pleut à verse ; depuis trois jours, il n'y a pas eu dix minutes de relâche ; à Paris, cette eau-là mettrait deux mois à tomber. » Misérable Paris ! Les Françaises sont incapables d'aimer ; ce sont de pauvres poupées, remplies de son. Les Français ne savent même pas haïr : jamais une bonne vengeance, un bon coup de poignard. Au moment où Napoléon quitte l'île d'Elbe et revient en France, lorsque s'engage la dernière lutte entre la France et l'Europe, l'ex-commissaire des guerres reste en Italie et ne se dérange pas. Au moment de Waterloo, il prend des glaces sur la place Saint-Marc, à Venise. L'émotion que lui donne la nouvelle de la défaite de l'Empereur se traduit en mépris. Le dernier mérite que la France possédait — une certaine bravoure, une certaine réputation de gloire — s'est évanoui du coup : désormais, elle prendra pour armes un éteignoir.

Pour vivre intensément.

Le *Moi* cultivé, plante fragile, ne se développe que dans un milieu choisi. Peu d'étrangers s'attachent à Milan pour leur plaisir ; c'est une ville trop commerciale, trop plantureuse, disent les dégoûtés ; trop de riz, trop de maïs ; et pas d'orangers. Au contraire, Henri Beyle aime Milan : parce qu'il l'aime, et cela suffit sans doute ; parce que les autres ne l'aiment pas ; parce qu'elle est une forte et fière ville, accueillante et fidèle ; pour ses spectacles, pour son café à la crème, pour ses femmes, pour le pavage de ses rues, pour son odeur ; pour cent motifs, et pour cette raison majeure qu'on y vit simplement, bonnement, et sans cérémonie. Une grande chanteuse, qui est aussi une jolie femme, Elena Viganò, reçoit tous les soirs, après le théâtre ; vous arrivez chez elle en habit du matin, en bottes ; et tout botté que vous êtes, vous vous étendez sur un canapé, dans son salon : personne ne vous remarque. Voilà Milan ! Un ami vous invite à jouer au billard ; comme vous vous sentez ce jour-là d'humeur chagrine, vous jouez deux, quatre, huit parties sans desserrer les dents : l'ami vous laisse tranquille, ne vous assassine pas en vous demandant si vous êtes triste, et pourquoi. Voilà la Lombardie. Peut-on trouver, dans tout l'univers, un seul endroit, un seul, où l'on respecte davantage les caprices et les humeurs d'un *Moi* fantasque et ombrageux ?

Encore celui-ci ne se contente-t-il pas d'être enfermé dans une île heureuse ; il veut se recueillir, quand il lui plaît ; et quand il lui plaît, s'étendre : il s'annexe tout un pays. Avec quelques traits véritables, et profondément observés ; avec d'autres aussi, inventés de toutes pièces, il construit une Italie de luxe, conforme à son désir. On n'y rencontre que gens de noblesse, comtes, marquis, ducs, ou princes ; les banquiers y sont admis à la rigueur, pourvu qu'ils soient fort riches ; les commerçants, les industriels, les bourgeois, les manants

en sont exclus. On n'y voit pas de magasins, encore
moins de maisons pauvres : les villes se composent
de théâtres, de musées, de galeries, d'ateliers de
peintres, de cafés, de salons. De salons surtout
des femmes y papillonnent ; des oisifs y bavardent
sans fin ; des cardinaux, bons princes, y font briller
négligemment leur pourpre. Dans les rues, sous
les portiques, des gens vous arrêtent pour vous
raconter en pleurant leurs peines d'amour. Car
l'amour y est la grande occupation : aimer, souffrir
aimer, voilà la vie. Les matinées sont rayées de
l'ordre du temps ; l'après-midi se passe à contempler les tableaux des grands maîtres, jusqu'à ce que
l'émotion fasse jaillir les larmes ; le soir, on se rend
au théâtre pour bavarder dans les loges : on ne se
tait que pour écouter les plus doux airs. Les nuits
y sont exquises, non point à cause des clairs de
lune bleus, ou des étoiles : mais c'est le temps où
gens d'esprit et femmes aimables, chez la princesse,
chez l'ambassadeur, font assaut de finesse, ou se
laissent aller doucement aux tendres rêveries.

Mais s'il faut dire ici l'essentiel, l'Italie est tout
autre chose que le pays où l'on vient chercher le
repos, après les tracas et les alarmes ; et tout autre
chose encore que le pays où les Barbares du Nord
viennent chercher la lumière et le soleil. L'Italie,
sachez-le bien, est le pays de la vie intense. En Italie,
on se sent à l'aise ; on ne vit pas dans la crainte du
ridicule, comme en France ; au contraire, on
affirme sa personnalité, bonne ou mauvaise, et on
ose être soi-même, effrontément. Loin d'avoir peur

« ce grand jeune homme vêtu de noir et fort maigre, mais d'un air très distingué », son hôte à la Scala, l'abbé de Brême ; patriote, Vismara ; patriotes, Confalonieri, Silvio Pellico, et tous ces Milanais qui édifiaient à la fois le romantisme italien, et l'Italie. Si bien que Beyle respectait l'Autriche, mais était parfaitement d'accord avec ceux qui l'abhorraient.

Pensait-il, d'ailleurs, n'être plus Français ? L'esprit de son pays, il le représentait pour une part, bon gré, mal gré. S'il n'était plus Français, d'où lui venaient cette passion pour les idées claires, cette façon légère de traiter les choses sérieuses, et cette allure désinvolte, et ce ton péremptoire, et ces paradoxes, et cette ironie ? Il était Français par sa parenté spirituelle, Français comme ce Voltaire dont le grand-père Gagnon avait placé le buste sur sa cheminée, Français comme son ami Paul-Louis Courier. Il était Français par sa manie de critiquer la France, par sa vanité, par toutes ses allures, Français jusqu'aux moelles. Après tout, se demandaient les bonnes âmes qui, même à Milan, s'occupent volontiers des affaires d'autrui, que fait ici ce Français ? D'où lui viennent ses ressources ? Pourquoi s'est-il établi chez nous ? Pourquoi dort-il aux heures où les autres travaillent, et se promène-t-il la nuit ? Pourquoi se mêle-t-il si volontiers à nos conversations ? Il y a du louche là-dessous.

Alors il se sentit pris entre deux menaces. Voici que ses amis s'écartaient de lui, par quel caprice ?

Quand on le rencontrait sur le Corso, on traversait la rue. Quand on le croisait, on faisait semblant de ne pas le voir. Quand arrivait l'heure des mélancolies, et qu'il entrait dans quelque maison familière pour fuir la solitude, les conversations s'arrêtaient. Quelle folie prenait donc ses chers Milanais ? Le tenaient-ils pour un pestiféré ? Il était si loin du soupçon, qu'il restait le seul à ne pas comprendre, à ne pas savoir. Un ami dut lui ouvrir les yeux, lui expliquer les choses comme elles étaient : c'était difficile à dire ; certains le considéraient comme un espion ; et dès lors... — Fort bien. De toute sa vie, il n'avait éprouvé pareille honte, ni plus sensible douleur.

L'autre menace, moins cruelle pour son amour-propre, était plus précise et plus grave. La police autrichienne commençait à soupçonner que cet Henri Beyle, en apparence inoffensif, était non seulement un chien de libéral, mais un écrivain très dangereux, qui sous des pseudonymes divers publiait des ouvrages tendant à diffamer le trône et l'autel : elle se demandait même s'il ne convenait pas de l'identifier avec un certain Stendhal, dont un livre faisait scandale, et qui méritait d'exemplaires châtiments.

Le fait est qu'il s'était longtemps diverti sous cape ; et c'est une étrange histoire que celle de ses débuts comme auteur. Enfin *Les deux hommes* avaient cessé de l'obséder ; enfin sa comédie en vers se résignait à dormir dans ses cartons : si parfois elle se réveillait, c'était sans vigueur

offensive : elle avait fait place à d'autres préoccupations. Il attendait la Pietragrua, qui lui avait donné
rendez-vous et qui ne venait pas ; fatigué d'écouter
les pas dans la rue, de tressaillir quand l'escalier
gémit ou quand une porte claque, il lisait pour se
distraire. Ce jour-là, il avait pris un ouvrage qui
lui permît d'attendre pendant des heures, s'il le
fallait ; six volumes : l'*Histoire de la peinture*, de
l'Italien Lanzi. Et tout à coup (pourquoi ? comment ?) une idée folle l'avait saisi. On aurait dit
qu'il obéissait à un autre homme, sans discuter ;
il avait pris sa bonne plume, et rédigé une lettre
pour les journaux de Paris : « Bologne, le 25 octobre 1811. — Messieurs, j'ai composé en deux
volumes l'*Histoire de la peinture en Italie*, depuis
la renaissance de l'art vers la fin du XIIe siècle
jusqu'à nos jours. Cet ouvrage est le fruit de trois
années de voyages et de recherches. L'histoire de
M. Lanzi m'a été fort utile. J'envoie mon ouvrage
à Paris pour l'y faire imprimer. On me conseille
de vous prier de l'annoncer. Il paraîtra en deux
volumes in-8° à la fin de 1811... » Cette hâblerie
avait été son salut ; elle l'avait délivré de son
obsession, aiguillé sur une autre route. Devant
une page blanche, impossible d'écrire. Mais traduire, compiler, arranger, mettre son grain de sel
dans une pâte insipide, voilà qui était incomparablement plus facile. Grâce à Lanzi, et à cent
autres compagnons, il avait composé son premier
livre, lentement ; et il avait fini par faire paraître
son *Histoire de la Peinture en Italie, par M. B. A. A. ï*

les portefeuilles officiels ; que ses amis assiègent, le priant de remettre cette lettre au général, ce paquet au médecin chef ; qui se rend à Saint-Cloud, en grand uniforme et en dentelles, afin de se présenter aux ordres de S. M. l'Impératrice, de contempler le roi de Rome, et de porter au Maître la vision toute fraîche de l'enfant qui s'éveille et qui sourit dans son berceau : ce courrier-là, c'est Beyle. Il part à toute vitesse. A toute vitesse, aussi loin qu'il y a des routes et des étapes marquées. Mais après Königsberg, il faut bien qu'il ralentisse, parce que les effets du pillage commencent à se faire sentir. Après Kovno, c'est le désert. Il finit par abandonner sa calèche, et par continuer sa route à cheval. Il rejoint : son sort va se confondre avec celui de l'armée.

Moscou brûle. Ici un canonnier ivre donne des coups de plat de sabre à un officier de la garde, tandis qu'un autre soldat, ivre également, s'enfonce dans une rue en flammes, et y rôtit. Plus loin on pille une maison. Un détachement s'occupe à vider un magasin de farine. Les convois encombrent les rues. Même les officiers ne se rendent pas un compte exact de ce qui leur arrive ; si un quartier brûle, ils déménageront dans un autre et voilà tout ; des incendies, ils en ont tant vus ! On s'en va donc vers des régions plus tranquilles, en cherchant des maisons riches, des palais pour y loger. L'ordre vient d'abandonner la ville : par où sortir ? Colonnes et convois s'avancent dans la fumée, dans les flammes ; il faut faire demi-tour, chercher d'au-

tres issues ; confusion, disputes, jurons ; qui perd
sa voiture et qui ses hommes. Enfin l'on sort :
de la ville s'élève une pyramide de feu et la lune
paraît au-dessus de cette atmosphère de flamme
et de fumée. Beyle arrive au bivouac, tenant à
la main la seule chose qu'il ait pillée : un volume
de Voltaire, relié en maroquin rouge ; il en est
confus, parce que l'édition va se trouver dépa-
reillée, si l'incendie l'épargne. Il soupe avec du
poisson cru et des figues, puis s'assied dans sa
calèche pour dormir. Il a bu du mauvais vin blanc
que ses hommes ont trouvé dans les caves d'un
club, et se sent un peu gris.

La retraite de Russie. — Toutes les scènes que
ces seuls mots rappellent à nos imaginations, évo-
quons-les ; et sur les routes gelées, à travers les
champs de neige, au milieu des débris d'une armée
en déroute, cherchons notre héros. Jamais il ne
montra plus d'activité, plus de sang-froid, plus de
bravoure, et plus de force d'âme. Pendant la
retraite, Pierre Daru pour la première fois comprit que si son cousin n'était pas le modèle des
commissaires des guerres, au moins avait-il en lui
quelque chose de si étrange et de si fier, qu'il en
imposait presque l'admiration. Ce fut aux envi-
rons de la Bérésina ; les soldats de la Grande Armée
n'étaient plus qu'un troupeau de gueux. Et voici
que dans cette grande misère, Beyle se présenta
devant lui, non point sale et hirsute comme tous
les camarades, mais correct, mais rasé de frais.
Alors M. Daru le regarda, et s'émut.

« Vous avez fait votre barbe ! » lui dit-il ; « vous
êtes un homme de cœur. »

Il n'était plus question de ceux qui savaient
obéir : on avait besoin de ceux qui savaient commander. Seul, il trouva du pain pour ravitailler
l'armée, au moment où il y avait encore une armée.
Il mit cinquante jours pour faire la route de Moscou à Vilna ; trente lieues avant d'arriver à cette
dernière ville, se sentant défaillir, il prit la résolution de précéder l'armée : ce qui lui permit de
trouver encore des chevaux de poste, et d'arriver
sain et sauf.

Je me porte bien, ma chère amie. J'ai bien pensé à
toi dans la longue route de Moscou ici, qui a duré cinquante jours. J'ai tout perdu et je n'ai que les habits
que je porte. Ce qui est bien plus beau, c'est que je
suis maigre...

(A Pauline ; de Vilna, le 7 Décembre 1812.)

Mon cher Cousin, je t'écris enfin ! Figure-toi que,
physiquement, mes frères et moi sommes horribles,
d'une saleté repoussante, et à genoux devant des
pommes de terre...

(A Félix Faure, à Grenoble.)

Bref,

Je me suis sauvé à force de résolution ; j'ai souvent
vu de près le manque total de forces, et la mort.

(A Pauline ; de Königsberg, le 28 Décembre 1812.)

* *
*

Au printemps de 1813, la guerre recommença, comme à l'ordinaire ; il n'y avait plus de printemps, désormais, sans une bonne guerre, et des morts par milliers. Cette fois, c'était en Saxe que les choses se passaient. Beyle commençait à trouver que l'on exagérait et que ces perpétuelles campagnes devenaient désobligeantes. Et puis, était-ce vraiment la peine de le déranger pour si peu ? Quand on a fait la retraite de Russie, on a tout vu : donc, qu'on nous laisse un peu tranquilles. L'homme qui a bu trop de punch, jusqu'à l'indigestion comprise, en est dégoûté pour toujours : de même l'homme qui a trop fréquenté l'armée. Tous ces êtres grossiers, tous ces « manches à sabre », ne méritent même plus d'être observés.

Tandis qu'il grogne ainsi, il observe. Une bataille, ce n'est pas du tout ce qu'on voit dans les tableaux : des soldats bien alignés, qui partent au pas de charge contre d'autres soldats, en bois comme les premiers ; sur un mamelon, le général fait signe de son épée ; et tout le monde est pomponné, léché, coquet, même les blessés et les morts. Une bataille, c'est un grand bruit de canon (si les canons sifflaient au lieu de gronder, ce serait beaucoup moins beau) et un grand paysage vide, dont des morceaux remuent de temps en temps: on regardait une haie, et on s'aperçoit que c'est une troupe d'infanterie ; des cavaliers traversent un champ à

des lettres vagues, tu me dis que tu m'aimes toujours
et que je le verrai bien dans quinze jours, époque à
laquelle tu te promets d'être auprès de moi : ce qui
veut dire que tu me feras beaucoup de caresses, de
protestations, que tu seras bien aise de me voir, etc.
C'est peut-être beaucoup dans ton esprit, mais ce n'est
rien pour moi, surtout quand je songe à toute ta conduite et même à ton caractère : je n'en suis pas plus
persuadée que tu m'aimes comme je le souhaite, et comme
j'en ai besoin pour être heureuse, pour avoir le cœur
content. C'est pourquoi j'aurais voulu un peu plus de
franchise...

On estime Mélanie, quand on la voit capable
d'écrire de la sorte, capable de résister à son fantasque amant, qui ne voulait ni la garder ni la
perdre. Sans doute, celui-ci était encore novice
dans l'art, pratiqué par tant de grands hommes,
de rendre les femmes qu'ils ont aimées malheureuses pour toujours. Mais il faisait bien son possible : et déjà il était de ceux qui, dès qu'on les
aime, n'aiment plus.

L'autre liquidation fut plus laborieuse. Beyle
s'ennuya, dès qu'il fut seul ; il avait pris ses habitudes. L'ennui et la misère aidant, il mit les pouces. Pauline, l'ambassadrice, valut au coupable
l'indulgence du grand-père Gagnon, qui, ayant
un faible pour ce coquin d'Henri, écrivit à Pierre
Daru une lettre à la mode d'autrefois, joliment
tournée, cérémonieuse un peu, et séchée à la poudre
d'or : il expliquait qu'Henri n'avait cessé d'éprouver pour son protecteur l'attachement le plus vif ;

toute bride : on ne sait ni d'où ils viennent, ni où ils vont. Les soldats, depuis le commencement jusqu'à la fin, sont incapables de rien comprendre à ce qui se passe ; seuls les généraux y entendent quelque chose ; et encore ! On ne lui en fera plus accroire, à lui, Henri Beyle, qui était à Bautzen, qui s'est avancé sous le feu des canons pour mieux regarder, et qui a vu, de midi à trois heures, « tout ce qu'on peut voir d'une bataille, c'est-à-dire, rien »

Ce grand connaisseur d'hommes, qui sait bien que « dans deux ans, ce sera un titre suranné que d'avoir fait la campagne de Moscou », profite de l'armistice qui suit la victoire pour demander un poste à Florence ou à Rome : aussitôt on l'expédia à Sagan, en Silésie. Il s'en fallut de peu que le cimetière de Sagan n'eût l'honneur de l'abriter : car une fièvre pernicieuse régnait là-bas, et avait enlevé quatre cents personnes en quelques mois : pour l'époque, ce n'était pas mal. La fièvre se jeta sur M. l'intendant, tyran du lieu, qui passa bientôt du délire à l'hébétude, compta les fleurs du papier de sa chambre, et suivit le combat monstrueux de deux mouches sur le rideau. Débarrassé, il courut à Dresde, pour charmer sa convalescence en visitant la galerie de peinture, en écoutant de bonne musique, et en s'abritant des fâcheux qui le gênaient à Sagan. Repris par la fièvre, cette fois il faillit mourir. « Quelle année que celle qui s'est écoulée...! Pour que rien n'y manquât, il fallait une intendance et une maladie... »

Maintenant la France est envahie par les Alliés.

Les Prussiens, les Autrichiens, les Russes, les Anglais, tous veulent poursuivre jusque dans Paris l'Empereur vaincu, tous réclament leur vengeance et arrivent bon pas. Vite, il faut organiser la résistance : le territoire est démuni, les places fortes n'ont pas de canons, les jeunes soldats échappent à la conscription, les impôts ne rentrent plus, les partisans des Bourbons soulèvent les campagnes contre l'Empereur : on n'avait songé qu'à la victoire... Chacun paye de sa personne ; les sénateurs sont envoyés en mission dans les divisions militaires ; le sénateur Saint-Vallier à Grenoble, avec Beyle comme adjoint.

Arraché à son congé de convalescence, celui-ci fit d'abord triste mine. Mais quand il fut à pied d'œuvre, et quand il eut reconnu que M. de Saint-Vallier, tout sénateur qu'il fût, était un aimable compagnon, disposé à le laisser faire — alors il s'ébroua, retrouva sa faculté de décision, ses vues rapides et claires, son intelligence alerte et son ardeur. Il parait à tout, prévoyait tout, ravitaillement, conscription, mesures politiques, et même mouvements d'armées. La joie d'improviser, de faire des miracles, il l'éprouvait autant que Français au monde. Beyle agissait, M. de Saint-Vallier le regardait faire, et tout le monde était content.

Mais comme il n'aimait que les jeux très nouveaux, et se dégoûtait vite de la partie, ce grand zèle ne tarda pas à faiblir. Est-il juste que dans tout l'Empire, on le choisisse pour défendre quelle ville, sinon Grenoble, sinon Cularo et ses habitants détestés ? Est-il juste que ces ânes bâtés se moquent de sa particule, disent qu'ils connaissent Henri Beyle, fils de Chérubin ; mais M. de Beyle, qui est celui-là ? Qu'ils inscrivent des réflexions désobligeantes sur les affiches signées de lui ? que dans ses intervalles de repos, il ne trouve pas une âme digne de le comprendre ? que non seulement les gens, mais les murs même suintent l'ennui ? que ses camarades accrochent des prébendes, des titres, des décorations, tandis qu'on le laisse en sous-ordre, et qu'on l'oublie ? que le gouvernement le prive de la bonne préfecture qui devrait, en toute justice, récompenser ses services ? M. de Saint-Vallier, qui jamais n'avait entendu telle abondance de griefs, dut se résoudre à le laisser partir, à lui permettre d'aller solliciter au ministère. C'est ainsi que Beyle quitta Grenoble, se mit en route, arriva juste à temps pour voir d'abord la prise de Pantin et de Montmartre par les Alliés, ensuite leur entrée triomphale dans Paris.

CHAPITRE VII

Tandis que le balai de la guerre le poussait de Brunswick à Moscou, et de Moscou à Sagan, un désir naissait en lui : d'abord incertain, obscur ; s'élevant peu à peu jusqu'aux claires régions de sa conscience ; impérieux, irrésistible enfin. L'Italie, que jadis il avait quittée avec joie, devenait l'objet d'une nostalgie qui tournait à l'obsession : il la parait de tous les charmes, et voyait en elle l'unique patrie du bonheur.

Ce ne furent d'abord que de faibles souvenirs, incohérents, fugaces. Étrange travail de l'esprit : quelques sentiments affleurent, puis s'évaporent ; quelques réminiscences surgissent, puis se brouillent et s'effacent ; traces légères, mouvements à peine perceptibles, vagues retours. Passe devant ses yeux, rapide et légère, Mme Marini, de Milan. Une brume s'étend sur le jardin des Tuileries ? Le voilà dans les brouillards de Lombardie. Une sensation s'associe à des sensations lointaines : une pluie printa-

nière le reporte en Italie, et le dispose à la « divine
tendresse » qu'il éprouvait là-bas. Dans un moment
de lassitude, sa pensée s'échappe, fuit Paris ; et
voici qu'un projet s'échafaude sur un souvenir :
quand nous serons vieux, n'est-il pas vrai, Pauline ?
si les dieux nous ont concédé quelque fortune, nous
aurons un château en Italie ; et nous irons y passer,
chaque année les deux mois qui précèdent l'été...

Pendant les années qui suivent son retour en
France, en 1802, ces apparitions ne représentent
qu'une faible partie de sa vie intérieure. Si nous
devions les replacer dans la masse des faits qui
occupent sa conscience, ou seulement au milieu
de ceux que son esprit attentif a pris soin de retenir
et de noter, elles ressembleraient à des épaves
incertaines sur des flots toujours émus. Mais peu
à peu, au cours de ses voyages, de ses campagnes,
à mesure qu'il fait des comparaisons, à mesure
qu'il sent monter en lui le dégoût de sa vie bous-
culée, le mouvement s'accélère. Que valent les
lourdes Allemandes, au prix des vives et charmantes
Milanaises, ou des belles Romaines ? A Brunswick,
les murs de la chambre de M. l'Intendant s'ornent
de gravures symboliques. D'un côté le portrait de
Raphaël, qui change de physionomie suivant les
heures du jour ; la Cène de Léonard de Vinci, toute
grâce, toute mélancolie, toute douceur ; un paysage
ensoleillé de Claude Lorrain. De l'autre côté, le
portrait de Frédéric II ; et un paysage boréal : le
soleil de minuit, tel qu'on le voit à Tornea. Raphaël,
Léonard de Vinci, Claude Lorrain, c'est le Midi ;

Frédéric II et la pâle lumière de Tornea, monarchie prussienne et Laponie, c'est le Nord. Le Midi, le Nord : tous deux sont grands, certes ; mais lequel est le plus heureux ?

Si on peut parler de date en ces matières, c'est en 1807 que la cristallisation s'opère décidément. L'âme charmée rapporte tout à l'objet qu'elle désire ; toutes les lectures — *Corinne*, l'*Histoire des républiques italiennes du Moyen Age* — disent : Italie ; Italie, disent les paysages autrichiens ou hongrois, suivant qu'ils rappellent les Alpes, l'Apennin, ou la plaine lombarde. Le passé même profite de cet enchantement ; tout le lointain se dore et s'illumine : les chagrins s'oublient, la maladie ne compte plus, les deux années qu'il a vécues en Italie n'ont plus été remplies d'amertumes et de larmes : elles ont été divines. Ce bonheur que ne donnent ni la paix ni la guerre, ni la France ni l'Allemagne, ni Grenoble ni Paris, il faut aller le rechercher là-bas. Oui, il faut retourner en Italie, toute affaire cessante, malgré les charmes d'Angelina Bereyter, et le tilbury, et le champagne et le perdreau froid. Si le ministre faisait inventorier le mobilier du Pape, au Vatican ; mieux encore, s'il voulait un fonctionnaire zélé pour prendre possession des tableaux que l'Empereur enlève à Rome et destine à Paris, quelle aubaine ! Mais de toute manière, il partira.

Il ne tient plus en place, lit je ne sais combien de *Voyages en Italie*, achète de beau papier grand format, encadré d'un filet rouge, et écrit en tête, cette parure, ce jaillissement d'esprit, cette ironie, l'étonnèrent, donc la séduisirent. Et puisque ces soupirs, ces pleurs, cette sombre humeur, ces jalousies, ces colères, ces rages, ces folies enfin ne pouvaient venir que d'un homme sincèrement épris, pourquoi le laisser souffrir ? Fallait-il faire tant de façons ? Elle se mit à pleurer avec lui, pour l'encourager ; toute pleurante, elle le tutoya. Inutile. Elle lui disait :

« Pars, pars ; je sens qu'il faut que tu partes pour ma tranquillité ; demain, peut-être, je n'aurai plus le courage de te le dire. »

Il comprenait bien le sens de ces aveux, puisqu'il avait longtemps étudié la tragédie classique : mais il faisait semblant de ne pas comprendre ; et pour un peu, il serait parti. Bientôt la charité d'Angela ne connut plus de bornes : et puisqu'il n'avait pas la hardiesse de dérober des baisers, il en reçut. Ce fut dans ces conditions qu'il triompha, et qu'il commémora sa victoire par une inscription tracée sur ses bretelles. Alors seulement il se rappela que le vetturino avec lequel il avait fait marché, l'attendait toujours ; et il partit pour explorer l'Italie à toute vitesse et à vol d'oiseau : Bologne, Florence, Rome, Naples, Ancône, en un mois, comme dans les guides.

* * *

Seule une épopée burlesque, à la mode d'autre fois, pourrait conter ses aventures, lorsqu'il réap parut à Milan, plein de hâte et d'émoi. Elle dirait comment cet amoureux sublime, apprenant qu'Angela se trouvait en villégiature à la Madonna del Monte, entreprit l'ascension de ce village escarpé, et pensa s'évanouir en revoyant enfin l'objet de sa flamme ; comment il combina un rendez-vous pour minuit ; comment il fut décommandé, et dut se rabattre sur la lecture d'Ossian, pour charmer sa veille. Elle dirait encore comment il dépista la jalousie du cavalier servant et du mari, en revenant incognito dans le village, à ceci près qu'ayant mal pris ses mesures, on le lui fit traverser tout entier dans une portantine, et précédé de trois flambeaux : aussi tous les habitants se mirent-ils sur leurs portes, et se demandèrent-ils longtemps ce que ce noble étranger pouvait bien venir faire, dans un tel équipage et sous une pluie qui tombait à torrents. Et l'épopée dirait de quelle façon tout le monde descendit à Milan, Angela, le fils d'Angela, le cavalier servant, le mari, et Henri Beyle ; avec quelle habileté machiavélique ce dernier dut évoluer entre des susceptibilités diverses ; pour quelles raisons il soupçonna, non pas Angela, certes, mais son entourage, de n'être pas entièrement désintéressé, et d'attacher quelque importance à l'argent, d'où qu'il vînt.

Il eut pourtant des moments heureux : tel le jour où il apprit que son congé était prolongé d'un mois, ce qui lui permettait de s'attarder à Milan — ville autrement commode, pour les rendez-vous, que les villages de montagne ; tel le jour où, assis sur un banc dans la boutique de M. Borrone, et obligé de parler par sous-entendus à cause des commis, il fut si spirituel, si plaisant, si brillant devant Angela, qu'il vit « dans ses yeux et dans la rougeur qui couvrait ses joues, l'effet assuré d'une grande âme sur un autre cœur du même genre ». Que dis-je, des moments heureux ? Il fut heureux tout le temps, malgré les craintes, les déceptions, les duperies avérées, les rendez-vous manqués, les billets annonçant à la dernière minute que la jalousie du mari s'est réveillée, et qu'il faut renoncer à se voir, par prudence ; il fut heureux tout le temps, puisqu'il aimait. Il aimait la plus belle des femmes, si belle qu'elle faisait peur, presque terrible de beauté surnaturelle, supérieure au reste des humains : c'est ainsi qu'il la voyait.

Aussi fut-il dégoûté, lorsqu'il regagna Paris, le 27 novembre 1811. « Figure-toi », écrit-il à Pauline, un homme dans un bal charmant, où toutes les femmes sont mises avec grâce ; le feu du plaisir brille dans leurs yeux, on distingue les regards qu'elles laissent tomber sur leurs amants. Ce beau lieu est orné avec un goût plein de volupté et de grandeur ; mille bougies y répandent une clarté céleste ; une odeur suave achève de mettre hors de soi. L'âme sensible qui se trouve dans ce lieu de délices, l'homme nerveux est obligé de sortir de la salle de bal ; il trouve un brouillard épais, une nuit pluvieuse et de la boue ; il trébuche trois ou quatre fois et enfin tombe dans un trou à fumier. Voilà l'histoire abrégée de mon retour d'Italie... »

A bien plus forte raison, pendant la campagne de Saxe, regretta-t-il la Terre promise ; et sa fièvre de Sagan eut au moins ceci de bon, qu'il obtint un congé, revint à Paris, et courut, tout d'une traite, jusqu'à Milan.

Il la revit, sa ville très aimée ; il la revit, le 7 septembre 1813 : si ému le premier jour, qu'il laissa tomber une tasse de café à la crème sur un beau pantalon de casimir gris, tout neuf. Il la revit, faible et dolent encore ; et cette langueur même n'était pas sans charme. Il la revit juste assez pour la désirer davantage. Il se remit à ne vivre, à ne respirer que pour la comtesse Simonetta (c'est ainsi qu'il appelait sa capricieuse conquête) ; il se remit à ne vivre que pour elle, qui ne vivait pas tout à fait pour lui. Comme elle séjournait à Monza, il déplaça quelque peu le centre de son univers, non sans gêne : car il n'aimait ni les complications, ni les changements. Les jours où elle le laissait libre, et le renvoyait à Milan, (que faisait-elle, ces jours-là ? pourquoi ne l'appelait-elle pas ? il commençait à être jaloux), il occupa son temps à visiter les musées, à réfléchir sur les arts, à écrire. Pendant ses soirées solitaires, il reprit sa place au théâtre, admirant les ballets de Viganò, et les sœurs Monbelli, honneur de la scène. Pour un peu, les Autrichiens, qui après Leipzig avaient franchi l'Isonzo, bloqué Venise, et menaçaient la Lombardie, l'auraient surpris dans son fauteuil, à la Scala.

Lorsqu'enfin Napoléon fut tombé, et, avec lui, l'espoir d'être nommé dans quelque préfecture, il se rallia sans cérémonie à « l'auguste maison des Bourbons », demandant une place. Mais l'auguste maison des Bourbons n'entendit pas la prière de son très humble et très obéissant serviteur.

Alors il n'hésita plus ; et secouant la poussière de ses pieds sur la terre de France, il décida d'aller vivre là où l'appelait son plaisir. Adieu, Paris ; adieu, tout mon passé ; je ne vous connais plus. Je vais planter ma tente sous d'autres cieux, qu'éclaire la promesse du bonheur. C'est en Italie, c'est à Milan que je veux m'établir. *Incipit vita nova...*

DEUXIÈME PARTIE

———

STENDHAL, L'ÉGOTISTE

CHAPITRE I

LA GRANDE TENTATIVE (1814-1821)

Ce Français qui flâne sur la place du Dôme, épais et lourd, nez gros, front couvert, visage ovale, comme dit son passeport, sans rien de remarquable, sauf l'éclat de ses petits yeux vifs ; ce Français à la cravate trois fois enroulée, au gilet qui chatoie, au pantalon collant ; ce Français qui s'occupe à réussir les moulinets de sa canne à pomme d'or : regardez le bien, pour l'aimer ou pour le haïr ; mais regardez-le bien, pour le connaître : il n'est pas d'homme au monde qui, avec une volonté plus décidée et une plus claire conscience, veuille faire de l'égoïsme l'art suprême de la vie.

La liberté sans conditions.

Altéré de bonheur humain, il brise ses chaînes, jette ses entraves ; et courant d'un trait vers ce qu'il croit être les sources vives, il demande d'abord

la liberté, la liberté absolue, la liberté sans conditions. Il dit que s'il a un chef, un métier, une fonction, un horaire, une obligation même légère, il
éprouve une constante gêne ; et que, s'il se sent
lié, fût-ce par un seul fil, son malheur est certain.
Beyle le Milanais sort de sa chambre à l'heure qui
lui plaît, rôde sur le Corso quand bon lui semble.
entre à la Brera si le cœur lui en dit, va dans le
monde ou s'enferme chez lui, et jouit à tout instant
du jour de son indépendance plénière.

Il établit son budget : c'est une opération à
laquelle il s'est souvent livré, au cours de sa vie.
Point n'est besoin d'être riche ; mais encore faut-il
qu'on n'ait pas à gagner son pain quotidien à la
sueur de son front.

« Passif, ci, 37.000 francs ; des créanciers qui
font le diable. Je vends mon mobilier parisien, mon
cabriolet ; j'aurai quelques milliers de francs à leur
jeter, mais sans éteindre ma dette. Actif : ma pension de demi-solde, ci, 900 francs. Le revenu de
la dot de ma mère, en viager, ci, 1.800 francs ; soit
2.700 francs de revenu. La pension que mon père
voudra bien me verser, ci... la somme est difficile
à préciser ; plus l'avaricieux vieillit, plus il se fait
tirer l'oreille. Mais même en supposant des
versements réguliers, je ne saurais vivre en France,
à ce prix-là. On me mépriserait.

« En Italie, puisque la lire est à 76 centimes,
on augmente son revenu d'un quart. En Italie, la
vie n'est pas chère. Combien faut-il pour faire
figure à Venise, par exemple ?

Appartement garni....................	600
Gondole	720
Théâtre (loge trois fois la semaine)....	600
Nourriture et café (120 francs par mois)	1.440
Total.................	3.360

Mais à Milan, on dépense moins encore, surtout si on se passe de voitures. Un excellent dîner, pour deux personnes, chez le restaurateur noble, coûte à peine six lires ; six lires, une loge à la Scala. Bon an mal an, et sans parler des dettes, qui attendront, je dois pouvoir vivre ici en liberté. »

Io sono di Cosmopoli.

Cette phrase, qu'il a cueillie dans un opéra, devient sa devise, et il la proclame souvent. « Moi, je suis de Cosmopolis... »

Ne parlons pas de sa famille : nous savons ce qu'il en pense. Mais il répudie même sa patrie : son souvenir lui pèse, et il le chasse tant qu'il peut.

Pauvre pays que la France, dit-il ; sans force et sans virilité ; pays d'eunuques ! Là se sont donné rendez-vous tous les vaniteux, tous les niais de la création. Les Français sont puants : aucune simplicité, aucun naturel. Et pas le moindre goût pour les arts : comment ces gens à l'eau de rose comprendraient-ils Michel Ange ? Donnez-leur de la musique banale, édulcorée, elle convient à ces pauvres têtes. Donnez-leur des tableaux conventionnels et léchés,

des sensations fortes, on aime les passions exaspérées, les haines, les beaux crimes, piment de la vie.
L'énergie, force spontanée de l'être, valeur en soi,
valeur suprême, s'y déploie au naturel. En France,
il n'est de gens tant soit peu énergiques qu'au bagne ;
en Italie, les gens énergiques courent les rues, et
les femmes elles-mêmes sont d'une admirable
férocité, à l'occasion. Bref, en France, la plante
humaine est étiolée ; en Italie, elle n'a rien perdu
de sa vigueur primitive ; et voilà pourquoi celui
qui veut vivre intensément sa vie, doit s'y trans-
porter, et s'y fixer pour toujours.

Pour savourer la vie.

Tout étant ainsi préparé, reste à choisir entre
les voluptés de la vie.

Il en est une qui ne trompe jamais ; inaccessible
aux imbéciles ; inépuisable, et si forte, qu'elle ré-
médie même à l'ennui, ennemi des hommes. Diver-
tissez-vous à observer les caractères, à suivre les
petits manèges individuels, à disséquer les âmes,
à étudier les habitudes et les mœurs : et vous
me direz s'il est lanterne magique qui vaille ce
spectacle-là. Beyle se met dans l'ombre ; de l'ombre
où il se tient tout exprès, il examine les acteurs
placés en pleine lumière. Comme les Milanais sont
amusants à voir ! comme ils sont naturels ! quelle
vivacité ! quel emportement ! Suivez une de leurs
parties de cartes, par exemple ; ils se passionnent
dès le début, se livrent sans retenue à leur plaisir ;

s'ils se brouillent pour un coup douteux, aussitôt ils s'invectivent, et crient : Cojone ! en frappant de grands coups de poing sur la table : c'est délicieux. Encore sont-ils parmi les plus calmes des Italiens, qui, avec une vivacité, une sincérité, une ardeur sans égale, se livrent du matin au soir à leurs caprices, à leurs passions. Comme intermède, on assiste au manège des étrangers qui passent : Madame de Staël, venant de Coppet et conduisant à Pise son jeune mari, pour qu'il rétablisse sa santé dans l'air pur de Toscane, s'arrête à Milan et y mène grand tapage ; Byron fréquente la loge que l'abbé de Brême, riche, libéral, ami des arts, tient ouverte à la Scala. Byron est froid, méprisant ; il sait que sa beauté, sa pâleur, sa réputation scandaleuse, font que tout le théâtre le regarde : il n'en devient que plus dédaigneux. Pourtant il remarque Beyle ; et ces deux Égoïstes éprouvent l'un pour l'autre une fraternelle estime.

Autre plaisir des raffinés : la volupté du beau. Pour goûter la musique, si vous n'êtes pas un barbare, vous prendrez des précautions aussi minu-tieuses qu'un fumeur d'opium, quand il prépare son illusion. Vous laisserez à la porte du théâtre vos préoccupations pour arriver en pleine liberté d'esprit ; vous n'aurez ni trop dîné ni trop peu ; vous choisirez la bonne place ; vous aurez soin d'empêcher que votre voisin ne vienne, s'appuyant au dossier de votre fauteuil et le balançant par manie, sottement vous agacer ; bref, vous agen-cerez savamment votre bonheur. Qu'est-ce que la musique ? Une combinaison mathématique, écho de l'harmonie des sphères ? Une haute et difficile science ? — Pas du tout. C'est un plaisir physique, une sensation voluptueuse, un appel à l'imagination et au cœur, une invitation à l'amour. Le Moi, arraché aux réalités vulgaires, se met à rêver, sourit à ses espérances, et gémit sur ses malheurs.

De même, en quoi consiste l'agrément que donne la peinture ? A connaître les époques, les écoles, la vie des auteurs ? à disserter sur la ligne ou sur le coloris ? A relever les fautes de dessin ou de perspective ? Pas du tout. Devant la Vierge du Corrège, devant la Cène de Léonard de Vinci, on pense à la grâce idéale de ces nobles figures ; on pense à la beauté ; aux beautés charnelles qu'on adore ; on pense à soi. On est incapable d'exprimer ses sentiments, car ils vivent à des profondeurs où personne ne peut atteindre ; analysés, expliqués, ils perdraient leur charme : ils sont incommunicables, et, par essence, personnels. La peinture, et tous les arts, en somme, ont pour unique fonction de charmer le Moi.

Ce Moi qui arrive ainsi, de degré en degré, à des jouissances toujours plus délicates, toujours plus rares, n'est pas encore satisfait. Il demande une excitation qui avive en lui la conscience de l'être ; il appelle la passion. Alors ses sentiments et ses sensations mêmes prennent une acuité nouvelle : il est transporté dans un autre monde, si plein de tourments et de délices, qu'il prend en pitié les pâles créatures qui se traînent sur la terre, sans aimer.

L'Egotisme.

A ce degré, le mot *Egoïste* ne convient plus ;
c'est *Egotiste* qu'il faut dire. L'Égoïste est le lour-
daud qui se pousse dans le nid des autres, brutale-
ment : l'Égotiste construit avec amour son propre
nid. L'Égoïste est un glouton, qui mange à grand
bruit de mâchoires ; l'Égotiste veut des mets choisis,
des cristaux, et des nappes de dentelle. Le premier
est un inconscient, embarrassé de tous les préjugés,
soumis à toutes les conventions, quitte à tricher
chaque fois qu'il peut : le second a raisonné sur la
vie ; et croyant que rien n'est supérieur à la vie
elle-même, il a cherché une méthode qui lui fît
rendre cent pour cent. Le premier est un balourd,
le second un virtuose. De l'un à l'autre, il y a
toute la différence de la grosse caisse au violon.
Le premier se cache, et le second se vante. L'Égoïste
ne pense jamais qu'à lui-même ; l'Égotiste sait
qu'il y a de par le monde, à Paris, à Londres, ou
à Berlin, quelques esprits qui ont compris comme
lui le secret d'utiliser l'existence, quelques délicats
qu'unit une secrète complicité, une élite dont l'ap-
probation console de la vulgarité, de l'imbécillité
des hommes : les *happy few*, comme il dit. L'Égoïste
est férocement heureux ; je ne serais pas étonné
qu'il y eût quelque chose de douloureux dans le
cas de l'Égotiste, qui essaye de saisir tout l'Océan
dans les mailles de son filet.

L'Egotiste.

Il allait, sautillant et frétillant ; le plus oisif et
le plus occupé des hommes ; chaque fois qu'il s'agissait d'un nouvel opéra, d'une comédie amusante,
d'une compagnie agréable, d'une conversation
spirituelle, on voyait apparaître ses favoris, qu'il
laissait pousser, à l'italienne, et son toupet. Il
allait, remâchant les mêmes idées, toujours les
mêmes, sur la France détestable et l'Italie adorée,
sur l'énergie, sur la passion ; les ruminant tout au
long du jour, sans qu'elle le fatiguassent, pas plus
que la phrase aimée du *Matrimonio Segreto*,
cent fois entendue, n'arrivait à lasser son plaisir.
Du plus loin qu'il apercevait un ennuyeux, il se
sauvait. Son logis lui importait peu ; qu'il demeurât
dans quelque hôtel, à l'Albergo del Pozzo, à l'Albergo Bella Venezia ; ou dans quelque chambre
meublée, fût-ce dans une rue suintante et mal-
propre, comme la via San Pietro all' Orto, pourvu
qu'il eût assez d'espace pour abriter son lit, ses
habits, et ses livres, il était content. Au contraire
sur le choix des cafés ou des restaurants, il ne
transigeait pas. Maniaque comme tous les bohêmes,
il avait, entre autres accès réguliers, la maladie
d'écrire : non seulement il écrivait sur de beaux
cahiers reliés, couleur vert pomme ; mais sur des
chiffons de papier ; sur des cartes à jouer ; sur les
marges des livres ; partout où l'on peut
placer du noir sur du blanc ; bien plus ! sur

ses manchettes, sur ses gilets, sur ses bretelles ; il gravait même des phrases sur son verre de montre, comment faisait-il ? Les inconséquences des autres étaient par lui sévèrement jugées ; et les siennes, sereinement admises, car il était si mobile que ses impressions n'avaient pas le temps de se mettre d'accord, et les états les plus contra-dictoires se succédaient en lui avec une violence égale. Fanfaron de grossièreté et de cynisme, il n'en était pas moins l'amant le plus éthéré. Admi-rant Napoléon, après que celui-ci fut tombé du pouvoir ; libéral, détestant les nobles, il était plus aristocrate qu'un marquis à talon rouge ou qu'une douairière du faubourg. Avec des allures de vieux militaire et des mots de corps de garde, il avait des scrupules, des méfiances, des timidités de pro-vincial : tant vibraient encore, dans la force de son âge, les impulsions données à sa jeunesse, et reconnaissables au bout de trente ans. Sceptique et crédule ; enthousiaste et blasé ; sincère et cachot-tier ; excité et paresseux, opiniâtre et fantasque, vaniteux, orgueilleux, et modeste, il apportait dans la passion une volonté d'abdication totale et un vif désir de conquête ; captif qui arrivait pieds et poings liés, pour commander ; suppliant qui venait présenter humblement ses offrandes, destinées à devenir les gages de sa victoire ; ingénu comme le plus naïf des amoureux, et jouant un rôle comme au théâtre. Avec cela, toujours double : tandis qu'une partie de lui-même agissait, l'autre regardait et critiquait ; il ne pouvait s'empêcher ni de faire le beau sur la scène du monde ni de s'épier, comédien sincère et toujours anxieux. Dans un seul de ses jours, dans une seule de ses heures, quelle fantasmagorie d'images, quelle mêlée d'émotions, quel fourmillement de pensées ! Il n'est pas jusqu'à sa passion d'idéologue qui ne vienne enrichir encore ce Moi tumultueux. Curieux de science, c'est la science des hommes qu'il choisit entre toutes ; il consacre à l'étude des sentiments d'autrui le temps qu'il ne passe pas à s'observer : comme s'il voulait saisir, même hors de lui, tous les frémissements de la vie.

En France ses amis, même ceux qui avaient juré de consacrer leur vie à la poésie. se mariaient, prenaient rang dans l'ordre établi, faisaient des économies, devenaient chefs de bureau, directeurs de banque, ou quincailliers ; ses anciens camarades, les commissaires des guerres, les capitaines, les colonels, vidaient leur demi-tasse en racontant leurs campagnes, ou trinquaient au prochain retour de l'Empereur. A Milan, Beyle l'évadé, le transfuge, s'occupait à faire triompher l'Individu. Il disait : « Je ne suis pas de ceux qui, en voyant venir une pluie d'orage par un jour d'été, pensent aux moissons ravagées, aux paysans ruinés, et se désolent. Je suis de ceux qui pensent : tant mieux ; le temps sera rafraîchi, et il fera bon respirer ; j'aime l'air balayé par la pluie. Je ne compte que sur mon plaisir ; j'accepte mon être ; je suis l'Égoïste ; je suis Moi. »

CHAPITRE II

LA BATAILLE ET LA DÉFAITE.

L'argent.

Tu veux vivre sans gagner ta vie : nous allons
bien voir.

Les premiers mois, tout se passe comme si on
était parfaitement à son aise ; on méprise les
questions d'intérêt : comme elles sont mesquines !
Faut-il se vendre pour trente deniers ?

Peu à peu surgit une inquiétude légère qu'un
haussement d'épaules suffit à dissiper : plaie d'argent n'est pas mortelle. Les semaines se passent,
l'agacement devient continu : toujours compter,
toujours se priver, toujours craindre ! Surprise :
l'intendance de Grenoble refuse de payer les
900 francs de pension ; elle déclare dans son langage
que l'intéressé est notoirement absent de la ville,
et qu'elle paiera quand il se présentera de sa personne à ses guichets. Au diable les intendants :
« Je n'étais pas absent pendant mes douze campagnes ! » Le budget s'écroule, si on lui soutire

quatre lires par jour. Un dîner d'amis devient désastre ; et catastrophe, l'achat d'un pantalon. Il faut aller à Grenoble, se résoudre à quelques mois de vie familiale, pendant lesquels on épargnera le vivre et le couvert : ces mois seront perdus pour le bonheur. « Oh ! argent que j'ai tant méprisé et que je ne puis aimer quoi que je fasse, je suis forcé d'avouer pourtant ton mérite : source de la liberté, tu arranges mille choses dans notre existence, où tout est difficile sans toi. Excepté la gloire, que ne peux-tu pas procurer ? Avec toi on est beau, jeune, adoré ; on a considération, honneurs, qualités, vertus... Quand on n'a point d'argent, on est dans la dépendance de toutes choses et de tout le monde... Sans argent, nul moyen de fuite ; on ne peut aller chercher un autre soleil, et, avec une âme fière, on porte incessamment des chaînes... » — C'est le seul point où Beyle se soit jamais trouvé d'accord avec Chateaubriand.

De Grenoble dépend la servitude, ou la liberté. La maison du grand-père Gagnon, qui est mort, le pauvre homme ! n'est pas encore vendue, et si Chérubin ne prétendait la garder intacte pour la famille, sa vente non seulement permettrait de régler les dettes parisiennes, mais fournirait des rentes viagères, appoint béni. Et puis il y a là-bas les prairies, les labours, les bois, les fermes, les écus de Chérubin. Mais ce bâtard, ce ladre, laisse son fils dans la misère, se refuse à toute générosité, à toute justice : ses doigts crochus ne veulent rien lâcher.

Ne se décidera-t-il pas à mourir ? La disette
serait finie du coup ; on sortirait l'argent des
coffres, et on le ferait rouler, je vous assure. Un
voyage en Angleterre, 40.000 francs ; un voyage en
Grèce, 40.000 francs ; un séjour à Paris, avec tous
les raffinements du luxe : après quoi l'on revien-
drait se fixer à Milan, mais cette fois en grand
seigneur.

Or, le 20 juin 1819, Chérubin meurt. Enfin !
— A combien se monte l'héritage ?

Les affaires du défunt sont embrouillées, dit le
notaire. Il a eu la manie d'acheter des biens, et
s'est couvert d'hypothèques ; il a voulu faire l'éle-
vage des moutons mérinos, qui sont morts comme
des mouches. Ses rentes étaient viagères ; et ses
dettes couvriront à peu près tout l'actif de la succession.

Ce sur quoi Henri Beyle pensa crever de dépit,
pesta tant qu'il put contre son défunt père, refit
les budgets, et, au lieu d'espérer, désespéra. Seuls
les riches ont le droit de se regarder vivre ; les
pauvres travaillent, c'est la justice. Après une longue
résistance, et toutes illusions perdues, il dut penser
à quitter l'Italie : la faim chassa le loup du bois.

Les autres hommes.

Quand on s'embarque sur un vaisseau confor-
table, on ne doit pas chicaner le capitaine sur ses
opinions. Il est vrai que Milan est retombée sous

la domination autrichienne ; que M. de Metternich n'entend pas la plaisanterie, pour peu que l'on critique la Sainte Alliance et l'autorité de Sa Majesté l'Empereur ; qu'on est obligé de tenir sa langue, et de surveiller ses écrits. Mais quoi ? Le gouverneur de la ville, le comte Saurau, a la main douce ; il demande que les habitants s'enrichissent, s'amusent, et le laissent tranquille : la transaction est acceptable. La soie se vend bien, les Milanais gagnent et dépensent, vont au théâtre et vont au bal : la ville est, « dans le fait, une riche république, adonnée aux arts et à la volupté ». « A Milan et à Venise, le gouvernement est si juste, si doux, si lent, qu'au fond on est bien. » *Chi si contenta, gode.* Les soirées de la Scala sont-elles troublées, parce qu'une escouade d'Autrichiens monte la garde au palais du gouverneur ? La musique des régiments hongrois, qui se fait entendre sous les marronniers du jardin public, est-elle mauvaise pour être hongroise ? Il faudra bien que les Italiens aient la Charte, tôt ou tard. Mais quand ils se mêleront de politique, c'en sera fait des beaux-arts. Pour le moment, vivons en paix, sous l'autorité paternelle de M. de Metternich.

A peine a-t-il fait cette concession à la sagesse ou à la prudence, le passager du bon navire se compromet comme à plaisir. Il déclare à voix haute que les rois et les empereurs sont des charlatans, et les prêtres des hypocrites. On ne le voit que dans la compagnie des libéraux, surveillés par la police ; tous ses amis sont des suspects. Patriote italien,

ouvrage qui pouvait avoir cent cinquante ans dans le ventre, disait-il.

Mais avant que le livre ne fût terminé, il s'était devancé lui-même, et en avait publié un autre : les *Vies de Haydn, de Mozart, et de Métastase, par Louis-Alexandre-César Bombet.* Le procédé était le même : piloter de ci, de là, pour se faire la main, pour rompre le charme qui l'empêchait d'écrire, pour profiter des besognes serviles accomplies par les autres, et choisir en grand seigneur. Bref, pour la *Vie de Métastase*, il avait fait de larges emprunts à Baretti ; pour la *Vie de Mozart* à Winckler ; pour la *Vie de Haydn*, à Carpani.

Mais ce fut ici que le bât le blessa. Ce Carpani ne s'avisait-il pas d'être un auteur vivant, et bien vivant ? N'eut-il pas la fâcheuse idée d'acheter cette *Vie de Haydn*, qui paraissait après celle qu'il avait lui-même écrite ? Quand il la lut, il se frotta les yeux et se tâta les côtes, pour savoir s'il était bien éveillé. Quelle stupeur ! Cette *Vie de Haydn* par Louis-Alexandre-César Bombet — c'était son propre livre ! Bombet disait : « J'ai assisté aux derniers moments de Haydn... » Ou bien : « J'ai eu la fièvre... » ; et c'était lui, Carpani, qui avait assisté aux derniers moments de Haydn, son maître ; et c'était sa propre fièvre qu'on lui volait ! Aussi cria-t-il au voleur, dans les journaux.

Bombet ne se troubla pas pour si peu. D'abord il accusa Carpani de plagiat, ce qui faillit faire crever de rage le pauvre homme. Ensuite il imagina un autre Bombet, un Bombet junior, qui vint au secours de son aîné. Enfin les journaux se lassèrent de la dispute, de sorte que Bombet resta sur son triomphe, et Carpani sur sa fureur.

Sur ces entrefaites, un troisième auteur avait fait son apparition dans le monde ; l'année même où M. B. A. A. publiait son *Histoire de la peinture*, M. de Stendhal, ancien officier de cavalerie, publiait ses impressions sur *Rome, Naples et Florence*. Lanzi ou Carpani tant qu'on voudra, les *Vies de Haydn, Mozart et Métastase*, et l'*Histoire de la peinture en Italie*, n'en offraient pas moins une telle multiplicité d'idées ingénieuses ou profondes, et un style si personnel, qu'on souhaiterait que beaucoup de livres originaux fussent plagiés, à ce prix. Mais enfin, M. de Stendhal s'étant aperçu qu'il n'est pas toujours prudent de s'annexer les ouvrages des autres, surtout si les auteurs en sont encore vivants ; et n'ayant plus besoin, d'autre part, du secours des voisins pour se désenchanter, librement, joyeusement, donna de toute sa personne : de sorte qu'il produisit un des livres les plus frais, les plus forts, qu'on eût jamais écrits.

Quel bonheur de mystifier ainsi les gens ! de continuer à vivre en paix, et toujours dans l'ombre, tandis qu'on a, de par le monde, plusieurs pseudonymes qui courent leur chance ! d'écrire tout ce qu'on pense, sous le plus soupçonneux des gouvernements ! qui devinerait que ces mystérieuses initiales, M. B. A. A., cachent M. Beyle, Ancien Auditeur ? que Louis-Alexandre Bombet, c'est encore M. Beyle ? que M. de Stendhal, ancien officier de cavalerie, c'est M. Beyle, toujours ?

Mais M. de Stendhal montrait tant d'insolence et de superbe, il traitait avec tant d'irrespect le gouvernement de Sa Majesté l'Empereur d'Autriche, que la police se mit à rechercher sa piste : sans finesse, mais avec d'autant plus de persévérance, qu'elle avait changé de manière ; et qu'avec le cours des années, l'Autriche ne maintenait plus sa domination en Lombardie que par un régime de force et de terreur. Le temps des grandes luttes était venu ; l'Italie changeait, et fort vite ; elle n'avait pas de rêve plus cher, ni de plus pressant souci, que de chasser enfin les dominations étrangères, pour réaliser sa liberté, son unité. Ce n'étaient plus que complots, que révoltes, et que répressions.

Alors M. de Stendhal cessa de rire. S'il ignorait que depuis le mois de février 1820, la police lui faisait l'honneur particulier de lire ses lettres, et d'en prendre copie au cabinet noir, il n'en éprouvait pas moins quelque inquiétude, et se retournait dans la rue, craignant de voir des hommes à grosse moustache le suivre d'un air négligent, s'arrêter quand il s'arrêtait, et repartir du même pas. Et ce soupçon n'était pas vain, puisque le nom de Stendhal, homme pendable, était arrivé jusqu'aux oreilles de M. de Metternich et de S. M. l'Empereur.

Aussi, lorsqu'en 1821 Piémontais et Napolitains se révoltèrent, et que les autorités milanaises, craignant la contagion, redoublèrent de rigueur, fut-il

chassé de l'Italie, non seulement par la pau-
vreté, mais par la crainte de la prison.

Après son départ, Confalonieri, arrêté, jugé, et
condamné au Spielberg, livra aux autorités autri-
chiennes le nom de quelques-uns de ses prétendus
complices, parmi ceux qu'il savait hors d'atteinte ;
et il dénonça un certain de Bell, Français, *uomo
sommamente pericoloso*. Cet homme extrêmement
dangereux, s'il n'avait mis les Alpes entre les juges
autrichiens et sa personne, aurait été réveillé un
matin par un commissaire de police et quelques
soldats croates ; on l'aurait conduit à Sainte-Mar-
guerite ; il n'aurait quitté la prison qu'en voiture
fermée ; il serait parti à son tour pour le Spielberg ;
et qu'il fût innocent ou coupable, on ne l'aurait
plus revu avant dix ou quinze ans.

L'amour.

Angela Pietragrua était de celles qui prennent
les hommes pour des aveugles, chaque fois qu'ils
ferment les yeux. Puisque son amant l'adorait au
point d'avoir quitté la France tout exprès pour
venir s'installer auprès d'elle, inutile de le ménager.
Elle lui disait :

— « Je vais à Padoue : tu vas aller à Venise,
en attendant que je te fasse signe de me
rejoindre. »

Il allait à Venise ; et quand il la rejoignait à
Padoue, elle avait décidé de regagner Milan. Elle
lui disait :

— « La jalousie de mon mari s'est réveillée : observe-toi pendant quelque temps ; rends-toi dans ta famille, à Grenoble. Il est vrai que nous sommes en plein hiver ; mais un héros qui a fait la retraite de Russie ne doit pas craindre le froid. »

Et là-dessus, il partait pour Grenoble ; ou du moins il faisait semblant : il restait à Turin, jusqu'à ce que la jalousie du mari se fût endormie. Alors cette obéissance agaçait Angela, qui le querellait pour se distraire.

Dominique (c'est le nom qu'il se donne, lorsqu'il se considère avec sympathie ; de sorte qu'il y a maintenant trois personnages qui ne sont pas tout à fait les mêmes : Henri Beyle, Stendhal l'égotiste, et l'ami Dominique), Dominique est bien loin d'être dupe, et ne se fait plus d'illusion sur l'ex-belle âme, qui demande ses deux cents francs par mois. Et pourtant, il ne veut pas rompre, même lorsqu'il traverse des crises de désespoir. Si une servante de la belle Pietragrua, en pique avec sa maîtresse, ne lui avait dit officiellement et de façon irréparable qu'il était trompé ; s'il n'avait vu, ce qui s'appelle vu, le témoignage de sa disgrâce — sans doute aurait-il continué à s'abuser : tant il avait peur de se retrouver seul ; tant son passé lui était cher ; tant il préférait une passion faussée à une passion morte. Guéri, il jura de n'être plus jamais un amant de comédie ; et en effet, la tragédie allait commencer.

Il y avait à Milan une femme qui ressemblait aux figures de Léonard de Vinci, délicat visage au pur ovale, aux lèvres fines, aux grands yeux bruns mélancoliques et timides, au front lisse et pâle sous ses bandeaux. Ses amis la trouvaient étrange : imaginez les autres. On racontait qu'elle avait aimé Ugo Foscolo, le poète aux cheveux roux, génial et sauvage, qui s'était exilé d'Italie pour ne pas subir la domination autrichienne ; Foscolo, l'homme le plus capable de séduire une femme, et de la faire souffrir en l'aimant ; et que de cette aventure, elle avait gardé une sorte de terreur. Elle s'appelait Mathilde Viscontini ; elle avait épousé un officier polonais entré au service de la France, Jean Dembowski : et celui-ci l'avait rendue si malheureuse qu'ils s'étaient séparés.

Ce fut justement elle, la craintive et l'altière, que Stendhal aima. Parce qu'elle était ombrageuse et triste, parce qu'elle avait une façon à elle de fermer lentement ses yeux si doux, parce qu'elle ressemblait à une plante d'oranger qui craint de fleurir, il l'aima. Tout ce qu'il pouvait y avoir en lui de grossier ou de cynique, disparut du coup ; la passion éleva, épura son âme ; et il connut les ardeurs mystiques de l'adoration. Plus d'amour-propre, de désir de conquête ; mais un immense besoin de sacrifice et d'abandon.

Or elle ne le comprit jamais. Il n'était pas beau ; il avait mauvaise grâce ; il était presque ridicule, avec ses prétentions à l'élégance, et son ventre bedonnant. Elle le voyait arriver avec inquiétude ; elle savait qu'il allait se planter dans un coin de son salon, la regardant avec des yeux éperdus, furieux dès qu'un autre homme s'approchait d'elle. A peine parti, elle recevrait une lettre où il s'excuserait de sa conduite, s'accablerait de reproches, et lui tiendrait d'étranges propos, disant qu'il était si troublé en sa présence, qu'il lui était impossible de se montrer tel qu'il était : mais qu'elle lui fît confiance, qu'elle l'encourageât, et elle verrait apparaître l'âme la plus passionnément tendre, la plus dévouée, la plus pure : de sorte qu'elle ne pourrait pas ne pas l'aimer en retour. Dieu ! que ce Français était encombrant ! Elle allait redevenir la fable de la ville ; toutes les anciennes histoires seraient rappelées, et enrichies d'un ridicule nouveau.

Il entra dans cet état d'exaltation l'année 1818. Que se passa-t-il, le 20 septembre, pour qu'il écrivît cette date, et la minute même, comme ayant marqué un événement funeste ? Lui seul le sut, et Métilde. Mais nous connaissons l'histoire du voyage à Volterra. Ses deux fils étaient en pension dans un collège de cette ville ; et au mois de mai 1819, elle était partie pour les voir, en lui défendant de la suivre : il la suivit. Imaginez une antique cité établie sur le sommet d'une colline toscane ; tout autour, la campagne se déroule en ondulations paisibles ; les éboulis de terrain jettent des taches d'ocre dans le vert argenté des oliviers, dans le vert tendre des vignes. Solitaire et déserte, resserrée dans ses murs cyclopéens, Volterra semble regretter le temps de cette civilisation étrusque dont elle est encore la gardienne. Le moindre geste des vivants

y attire l'attention, la voiture qui arrive, la dame qui se dirige vers le collège, l'étranger qui erre dans les rues, et que les vieilles femmes assises sur le seuil des portes regardent avec sévérité. Imaginez, dans ce décor, un Dominique qui s'est orné de lunettes vertes afin de n'être pas reconnu s'il venait à rencontrer Métilde, rôdant autour du collège, ne pouvant résister à la tentation d'entrer dans ce sanctuaire, par adoration. Elle le vit, le reconnut, fut indignée. Quelle audace ! quelle indélicatesse ! Il voulait donc la compromettre à tout prix, et se faire passer pour son amant ? Il s'établit à Florence, à Bologne, exilé de Milan, chassé du Paradis terrestre par l'Ange irrité ; ensuite la mort de son père l'appela en France. Quand il revint, défense lui fut faite d'écrire à Métilde quelque lettre que ce fût, défense de lui parler d'amour, défense de se présenter chez elle plus de deux fois par mois.

Alors il crut devenir fou. Il ressemblait à ces personnages de Shakespeare qui ne vivent plus que pour leur chagrin, et qui vont répétant aux échos leur grande peine. S'il voyait dans la rue un chapeau de satin blanc qui ressemblait à celui de Métilde, le souffle lui manquait, et il s'appuyait contre un mur, près de s'évanouir ; un vieil architecte qui était reçu librement chez elle lui semblait un demi-dieu, qu'il regardait avec vénération ; le nom de la place où elle habitait, prononcé par hasard devant lui, le faisait tressaillir ; toute sa quinzaine prenait la couleur de l'accueil que Métilde lui avait fait : éclatante, si elle avait montré la noble aisance dont elle était coutumière ; sombre, si sa tête altière s'était détournée de lui. Il préparait sa visite, échafaudait des projets, trouvait les mots décisifs, les arguments qui vont au cœur : mais dès qu'il arrivait devant la porte, il tremblait ; une fois entré, toutes ses facultés l'abandonnaient, et Métilde n'avait plus devant elle que le plus sot des hommes, et le plus malheureux. Que de nuits passées à battre le pavé, devant sa fenêtre ! On sait qu'on n'a rien à attendre ; on voit s'éteindre sa lumière, elle ne se rallumera pas. Pourtant on continue à veiller ; les derniers passants rentrent dans leurs demeures ; la rue est déserte, et on n'entend plus que le bruit de ses propres pas. Il est deux heures du matin ; il est trois heures ; allons, c'est trop ridicule ; à trois heures quinze exactement, on s'en ira. On s'en va ; mais on prend le premier tournant ; et bientôt on se retrouve devant la fenêtre obscure. Qui sait ? Peut-être le rideau s'agitera-t-il ; peut-être une main de femme poussera le battant ; elle se penchera peut-être, pour respirer l'air de la nuit ; et elle verra, dans l'ombre, le plus fidèle des amants... Rien ne bouge ; la pluie tombe ; tant mieux, si elle rafraîchit la fièvre. On parcourt la ville, sans but, comme un insensé ; et quand enfin l'aube arrive, le domestique de l'hôtel voit rentrer un homme exténué, qui se jette sur son lit.

Il maudissait le sort injuste, se heurtant à cette barrière qui le séparait de Métilde, et qu'il ne pouvait franchir. Elle aurait dû aller à lui, comprenant que son âme s'épurait, s'ennoblissait, n'était plus qu'indulgence et bonté : elle le repoussa't. au contraire. *Visite à Métilde, qui me fuit.* Elle le prenait pour un séducteur, jouant la comédie de l'émotion pour abuser une femme : il était le seul peut-être à l'aimer comme elle voulait l'être. *Et sui eum non receperunt.* Rien ne pouvait le lasser, ni les rebuffades, ni les mouvements de colère, ni même l'indifférence : elle se lassait de lui. *Quand vous m'avez dit avec l'accent d'une vérité si profondément sentie : Ah ! tant mieux qu'il soit minuit ! ne devais-je pas comprendre que vous aviez du plaisir à être délivrée de mes importunités, et me jurer à moi-même sur mon honneur de ne vous revoir jamais ? Mais je n'ai du courage que loin de vous...* Elle n'éprouvait pour lui aucun sentiment tendre, pas même de la pitié : tandis qu'il la chérissait de telle sorte, que même ses souffrances lui semblaient précieuses, puisqu'elles venaient d'elle. *Si un pouvoir surnaturel me disait : Brisez le verre de cette montre, et Métilde sera pour vous ce qu'elle était il y a trois ans, une amie indifférente — en vérité, je crois que dans aucun moment de ma vie je n'aurais eu le courage de le briser.*

Les honnêtes femmes, s'écriait-il, aussi coquines que les coquines ! Mais il se repentait aussitôt de ce blasphème. Car si Métilde le méconnaissait, la faute en était à l'éducation, à la religion, à la pudeur de Métilde : mais non pas à Métilde elle-même. Une méchante cousine, la Traversi, l'avait calomnié, et d'elle venait tout le mal, non pas de Métilde.

Et certes, il aurait pu se venger de la Traversi ; car il connaissait certaine histoire... Mais attaquer la Traversi, c'eût été blesser Métilde.

Cette situation ne pouvait durer : autrement, il finirait à la maison des fous. Alors il résolut de tenter une dernière épreuve, d'annoncer son départ à Métilde, attendant le mot qui le retiendrait, le geste qui trahirait un regret, l'inflexion de voix qui marquerait un trouble : ou seulement un regard de pitié.

« *Je viens prendre congé de vous.*

— « *Quand reviendrez-vous ? dit Métilde.*

— « *Jamais, je l'espère.* »

Elle n'avait pas tressailli ; elle n'avait éprouvé ni joie, ni chagrin ; le mendiant du coin de la rue lui était moins indifférent.

Lorsqu'on a envie de se tuer, on ne prend pas un air tragique, comme le dépeignent les romanciers, qui n'y entendent rien. Bien plutôt éprouve-t-on un sentiment de lassitude, et appelle-t-on paisiblement la mort, unique amie, qui vous délivrera d'un insupportable fardeau. On rédige son épitaphe, comme ceci :

ENRICO BEYLE

MILANESE

VISSE, SCRISSE, AMÒ.

QUEST' ANIMA

ADORAVA

CIMAROSA, MOZART, E SHAKESPEARE

MORÌ DI ANNI...

IL... 18...

On veut qu'elle soit gravée sur une plaque de marbre, de la forme d'une carte à jouer. Bientôt on se décide entre les différentes manières de prendre congé ; on dessine des pistolets dans les marges de ses manuscrits ; et un beau matin...

Fi donc ! Faut-il faire comme tous ces commis de magasin, qui se sont mis à imiter Werther, héros sentimental et plat ? Faut-il risquer de se manquer, offrir à ses amis le spectacle ridicule d'une tempe mal trouée, aller à l'hôpital, guérir, et promener de par le monde une cicatrice imbécile ?

Tels sont les prétextes qui détournent Dominique de la mort ; les prétextes, et une raison profonde. C'est qu'il porte en lui une passion plus forte que le désespoir : celle de se regarder vivre.

Donc, il partirait ; il consentirait à sa défaite ; il abandonnerait Milan, et renoncerait à son rêve de bonheur. Longtemps après que sa décision fut prise, il s'attarda, reculant de jour en jour le *distacco amaro*, ne pouvant se résoudre tout à fait à abandonner la Scala, la musique italienne, et la place où habitait Métilde. Il partirait au printemps ; il partirait au mois de juin... Il partit au mois d'août, à l'époque où le soleil implacable, incendiant la ville chasse les Milanais vers les collines et les lacs.

.*.

« Enfin, je partis dans l'état qu'on peut imaginer.

J'allais de Milan à Como, craignant à chaque instant
et croyant même que je rebrousserais chemin.

Cette ville où je croyais ne pouvoir demeurer sans
mourir, je ne pus la quitter sans me sentir arracher
l'âme ; il me semblait que j'y laissais la vie, que dis-je ?
qu'était-ce que la vie auprès d'elle ? J'expirais à chaque
pas que je faisais pour m'en éloigner. Je ne respirais
qu'en soupirant (Shelley).

Bientôt je fus comme stupide, faisant la conversation
avec les postillons et répondant sérieusement aux
réflexions de ces gens-là sur le prix du vin. Je pesais
avec eux les raisons qui devaient le faire augmenter
d'un sou ; ce qu'il y avait de plus affreux, c'était de
regarder en soi-même. Je passai à Airolo, à Bellinzona,
à Lugano (le son de ces noms me fait frémir même encore
aujourd'hui — 20 Juin 1832).

... Je voulus passer le Saint-Gothard à cheval, espé-
rant un peu que je ferais une chute qui m'écorcherait
à fond, et que cela me distrairait. Quoique ancien
officier de cavalerie, et quoique j'aie passé ma vie à
tomber de cheval, j'ai horreur des chutes sur les pierres
roulantes, et cédant sous le poids du cheval.

Le courrier avec lequel j'étais finit par m'arrêter,
et par me dire que peu lui importait de ma vie, mais
que je diminuerais son profit, et que personne ne voudrait plus venir avec lui quand on saurait qu'un de ses
voyageurs avait roulé dans le précipice...

J'arrivai avec ce courrier maudissant son sort jusqu'à Altdorf. J'ouvrais des yeux stupides sur tout...
A Altdorf, je crois, une mauvaise statue de Tell, avec
un jupon de pierre, me toucha, précisément parce qu'elle
était mauvaise.

Voilà donc, me disais-je avec une douce mélancolie,
succédant pour la première fois à un désespoir sec,

voilà donc ce que deviennent les plus belles choses aux yeux des hommes grossiers. Telle était Métilde au milieu du salon de Madame Traversi.

La vue de cette statue m'adoucit un peu. Je m'informai du lieu où était la chapelle de Tell.

— Vous la verrez demain.

Le lendemain, je m'embarquai en bien mauvaise compagnie : des officiers suisses faisant partie de la garde de Louis XVIII, qui se rendaient à Paris. »

CHAPITRE III

« L'ANIMAL EST ORIGINAL : LES DIEUX
L'ONT FAIT AINSI. »

La scène est à Calais ; des voyageurs arrivés de
Paris, et qui demain s'embarqueront pour Douvres,
dînent à table d'hôte : le capitaine d'un cargo
anglais, lourd et grossier ; un autre Anglais
très blond, qui s'appelle Edward Edwards ; et un
Français joufflu qui boit de l'ale comme quatre,
et bavarde comme dix. Il lance quelque calembre-
daine :

« Ce n'est pas vrai, dit le capitaine anglais.

— « Vous avez peut-être raison, répond le Français. Allons nous coucher. »

En ceci, il est sage : car la bière ne lui réussit
pas.

Mais comme ils arrivent à Londres, le voyage
terminé, voici qu'Edwards le prend à partie :

« Monsieur Beyle, dit-il, j'ai beaucoup apprécié
l'honneur de votre compagnie ; il y a cependant
une chose qui m'a étonné. C'est la façon dont vous

avez toléré les paroles de ce capitaine, mon compatriote. Il vous a bel et bien donné un démenti ; peut-être nous trouverez-vous un peu bizarres, nous autres Anglais : nous sommes très chatouilleux sur l'honneur...

— Nous aussi, Monsieur, répond Beyle. Qu'à cela ne tienne ; je suis tout prêt à donner à votre capitaine la leçon qu'il mérite ; mais où le trouver maintenant ?

— Ces gens-là, Monsieur, ont l'habitude de fréquenter les tavernes, dans le quartier de la Tour de Londres. Allons-y, si vous voulez. »

Les voilà qui commencent leurs recherches ; et comme le capitaine demeure introuvable, Edwards est de mauvaise humeur.

« Si j'avais été à votre place, je n'aurais pas laissé passer la chose aussi facilement. Puisqu'il en est ainsi, c'est moi, s'il vous plaît, qui prendrai l'affaire en mains.

— Parbleu, dit Beyle, je préfère la garder moi-même ! Pensez-vous que j'aie peur ?

— Je ne dis pas cela, Monsieur...

— Et que voulez-vous dire, Monsieur ? »

Lorsque les deux compagnons se furent disputés de la sorte, ils s'apaisèrent ; et obstinément, ils se remirent à chèrcher le capitaine. Celui-ci n'apparaissant pas, Edwards finit par retourner à ses occupations, et Beyle à la sienne, qui était de visiter l'Angleterre pour se divertir de son chagrin.

Comme les Français l'avaient irrité, lors de son retour à Paris ! Comme ils semblaient indiscrets et vains ! Au théâtre, furieux de la stupidité de leurs pièces, il avait envie de crier : « Canailles ! canailles !» Que si la musique française était jointe à l'esprit français, ses grimaces devenaient telles, qu'il se donnait en spectacle à ses voisins. Mieux valait partir.

Partons pour Londres : outre qu'on n'y parle pas français, ce qui est déjà quelque chose ; et qu'on ne risque pas d'y rencontrer à tout bout de champ d'anciens amis qui vous demandent pourquoi vous vous étiez installé à Milan, et pourquoi vous avez changé d'avis : on peut y voir jouer dans leur intégrité, dans leur force, les œuvres de Shakespeare. Othello, le roi Lear, voilà de bons compagnons, qui savent jusqu'où va la douleur des hommes.

La pièce la plus remarquable du Tavistock Hôtel, dans le quartier de Covent Garden, est la salle à manger : on y admire une pièce de bœuf de quarante kilos, il faut un couteau grand comme un sabre pour la découper. Tous ces Anglais boivent du thé : merci, le vin est meilleur. Quel étrange ville que Londres ! Comme un Français s'y trouve dépaysé, perdu ! Quelle pâle et triste lumière ! Quelle foule silencieuse se presse dans ces interminables rues ! Pas un mot ; pas un geste : une humanité muette et affairée court à son travail. Londres est une vaste usine, ou un grand marché ; ce qui n'empêche pas qu'elle offre tout d'un coup de jolis coins idylliques : de petites maisons en briques, agrémentées d'un jardin, grand comme un mouchoir de poche, et où poussent trois rosiers sentimentaux. A Londres, on se sent plus loin de Paris qu'à Vienne ou à Berlin.

Si vous voulez entendre Kean, le grand acteur, vous aurez à faire le coup de poing à la porte du théâtre : en Angleterre c'est l'usage. Les Anglais vous laisseront passer, si vous êtes plus fort qu'eux. Après la mêlée, lorsque vous aurez conquis votre place au parterre, et que vous regarderez votre manche décousue ou vos boutons arrachés, vos voisins se montreront les meilleurs fils du monde, et ne vous en voudront pas de vous avoir rossé. Kean interprète bien Shakespeare ; il est d'autant plus sympathique que dans la vie privée, c'est un héros d'estaminet, un crâne de mauvais ton, et non pas un fat impuissant. Pourtant son jeu surprend. « Les Anglais, peuple fâché, ont des gestes fort différents des nôtres pour exprimer les mêmes sentiments. »

Ce soir, Stendhal et son ami Barot sont allés voir des demoiselles dont on leur a procuré l'adresse, Westminster Road, dans un quartier douteux ; et pour éviter toute fâcheuse aventure, ils prennent résolument pistolets et poignards. Or c'est pour affronter trois pauvres petites filles, si douces, si timides ; leur maison a l'air d'un jouet, avec ses minces cloisons de briques qu'un coup de poing ébranlerait, avec ses vieux meubles, menus, fragiles, meubles de poupées... Elles sont très polies et font la révérence ; elles offrent du thé. Comme elles tiennent à faire voir leur jardin, on sort, à la chandelle. Le jardin est minuscule : encore y voit-on les objets nécessaires au ménage, la machine à fabriquer la bière et la lessiveuse sur son trépied. Le lendemain matin, les messieurs français montrèrent leur qualité de grands seigneurs, en faisant acheter de la viande froide, des fruits. Mais où les Anglaises furent étonnées, c'est lorsqu'elles les virent revenir le soir avec du champagne, du vrai : *real champaign*, dirent-elles. Les bouchons sautèrent ; et elles furent joyeuses, calmement.

Pour un peu, Stendhal aurait ramené son Anglaise à Paris. Elle assurait qu'elle ne mangerait que des pommes ; et qu'elle coûterait si peu, si peu...

*
* *

Des habitudes réglées, des manies, aident à reprendre le cours de la vie : quand on fait tous les jours la même chose, et à la même heure, on finit par se croire très occupé. Lever à dix heures ; à dix heures et demie, rendez-vous avec l'ami Mareste et le cousin Colomb au café de Rouen ; sans attendre la commande, M. Pique, le patron, sert une tasse de café, et deux brioches ; deux brioches, non pas une seule, ni trois. Mareste se lève, c'est l'heure de se rendre à son bureau des passeports, au ministère de la police ; il prend tous les jours le même chemin, par les Tuileries, ensuite par les quais ; Stendhal l'accompagne, et les deux compagnons discutent en route.

— Le mauvais goût mène au crime, dit Mareste.
Ravi de cette formule, Stendhal le regarde avec
admiration. On se serre la main devant la porte
du ministère ; alors viennent les mauvaises heures,
celles où l'on risque d'être seul avec soi-même. En
flânant sous les arbres des Tuileries, en regardant
les estampes à la devanture des marchands, en
lisant les journaux chez Galignani, en entrant au
Louvre, avec un billet gratuit procuré par Mareste,
en lisant Shakespeare, on atteint cinq heures,
l'heure du dîner de table d'hôte, hôtel de Bruxelles,
rue de Richelieu. Il faudrait la plume de Balzac
pour décrire le décor et les habitués ; espèce inter-
médiaire, dit Stendhal, entre le chevalier d'indus-
trie et le conspirateur subalterne. Ils arrivaient, les
dents longues, prenaient leur rond de serviette et
tiraient leur journal. Les familiers se retrouvaient :
Mareste, « petit, râblé, trapu, n'y voyant pas à
trois pas, toujours mal mis par avarice » ; pour-
suivant de ses plaisanteries tout ce qui ressemblait
à de l'émotion, à du sentiment ; caustique, et âpre
comme un Piémontais, qu'il était. Barot, banquier
de Lunéville, qui s'appliquait à ramasser une fortune rondelette ; aimable, beau, et sans fantaisie.
Poitevin, « officier à la demi-solde, décoré à Waterloo, absolument privé d'esprit, encore plus
d'imagination, s'il est possible ; sot, mais d'un ton
parfait, et ayant eu tant de femmes qu'il était
devenu sincère sur leur compte ». Colomb, le cousin
fidèle, employé des contributions indirectes. Et du
menu fretin.

Mareste fut longtemps le préféré. Mais pour que
sa mère ne donnât pas tout son bien aux prêtres,
il se maria, d'avare qu'il était devint ladre, et de
ladre, insolent. On voit bien, disait-il à Stendhal,
que vous parlez en homme qui n'a pas le sou...
Alors celui-ci prit une résolution farouche : il changea de café. M. Pique, et la jolie Madame Pique
ne le virent plus franchir le seuil du café de Rouen :
il adopta le café Lemblin, toujours au Palais Royal,
à deux pas de là ; et pourtant plus éloigné que s'il
eût été à quatre lieues. Il changea de café ; Mareste
accepta le défi ; et leur grande amitié fut fêlée.

Le soir, la Comédie Française ou l'Odéon rem-
placent pauvrement les délices de la Scala : si
la comparaison vient à son esprit, sa souffrance se
ravive. A peine le spectacle terminé, vite, chez la
Pasta.

La Pasta, triomphatrice du jour, reine dont les
dilettanti détellent les chevaux quand elle sort du
théâtre, rentre toute vibrante encore des rôles
qu'elle vient d'incarner, sémillante Rosine, ou
Doña Anna, fière et tendre. Le chœur de ses intimes
l'accompagne en disant ses louanges : la représen-
tation a été magnifique, splendide, splendidissime :
aucune cantatrice au monde n'a égalé, n'égalera
jamais la Pasta. Le lyrisme calmé, et les nerfs
détendus, la Pasta, bonne fille, demande qu'on
sorte les cartes et qu'on joue au pharaon : il est
temps que la partie commence. Pour Stendhal,
c'est le meilleur moment de la journée ; la Pasta
éprouve de l'amitié pour ce Français qui connaît

la musique et l'Italie ; son mari le trouve un peu bizarre, mais le tolère ; et sa mère, la Rachele, l'adore, parce qu'elle fait conversation avec lui, quand il arrive trop tôt, avant que la cantatrice ne soit rentrée de l'Opéra. Rachele lui parle du risotto qu'elle a fait aujourd'hui, du minestrone qu'elle fera demain ; les Français ne connaissent pas le minestrone ; et quant au riz, ils le transforment en colle. On ne sait faire le risotto qu'à Milan... Stendhal l'approuve, en faveur de l'accent milanais. Comme le jeu se prolonge tard dans la nuit, et que le portier de l'hôtel de Bruxelles est furieux de tirer le cordon à trois heures du matin, il s'établit à l'hôtel des Lillois, où loge la Pasta : il n'aura qu'à monter l'escalier pour regagner sa chambre.

* * *

Ce fut alors que son image se grava, si bizarre, si frappante, que parmi tous ses portraits, on n'a voulu retenir que ce portrait unique, comme s'il avait toujours été pareil à lui-même, comme s'il avait eu quarante ans toute sa vie. La grande affaire était qu'on ne connût point sa défaite ; et pour la cacher, Stendhal prenait des airs de défi. Il ne voulait ni de la curiosité, ni de la pitié des autres hommes ; être deviné, et peut-être raillé, et peut-être plaint, quel intolérable supplice ! L'idée qu'on pouvait profaner sa tendresse déçue, connaître ses folies, ses souffrances passées, le révoltait. Cacher au plus profond de lui-même ce

que sa passion avait eu d'exalté, et de douloureux ;
ne montrer que son ironie, son goût du para-
doxe, et au besoin sa méchanceté : tel fut son
programme. S'il attaquait, s'il prenait l'offensive,
s'il lançait le premier les mots d'esprit qui décon-
certent et qui blessent, s'il était en toutes circons-
tances Stendhal le railleur et Stendhal l'insolent,
qui donc essayerait de forcer sa confiance ? qui
oserait l'approcher d'assez près pour compatir à sa
faiblesse ? Plus il faisait scandale, et plus il était
heureux. Rencontre-t-il Madame de Mareste dans
le salon de Madame d'Argout ? Aussitôt il raconte
une anecdote. « Figurez-vous que l'archevêque de
Paris... » — « Ma cousine, crie Madame de Mareste
d'une voix aiguë, imposez silence à M. Beyle, je
vous prie ! » Il rit. — Aperçoit-il Madame Gay, mère
de la belle et aimable Delphine, dans le salon du
baron Gérard ? Aussitôt il lance un gros mot ; et
Madame Gay s'enfuit. Il rit. — Les maîtresses de
maison le redoutent, parce qu'elles ne savent
jamais quelle boutade il va lancer, quel esclandre
il va faire. La baronne Gérard se souviendra longtemps du soir où elle a lui demandé une histoire
gaie, l'imprudente ! Il a débité une horreur, à faire
rougir des grenadiers.

Tous les dimanches, on le voit dans le salon
de M. de Tracy. Le maître vénéré de l'Idéologie,
petit vieillard élégant qui abrite ses yeux fatigués
sous une visière verte, se tient devant sa cheminée,
tantôt sur un pied, tantôt sur un autre, comme un
échassier. On rencontre chez lui des personnages

officiels, d'anciens émigrés, devenus fonctionnaires de S. M. le roi de France.

« M. Beyle, demande M. de Tracy, que pensez-vous des émigrés ?

— Si j'étais au pouvoir, répond Beyle, je les exilerais dans les départements des Pyrénées et les départements voisins. Je ferais cerner ces quatre ou cinq départements par deux ou trois petites armées, qui, pour l'effet moral, bivouaqueraient au moins six mois de l'année. Tout émigré qui sortirait de là serait impitoyablement fusillé. »

La bonne Madame Ancelot, la Muse de l'Académie, a hésité longtemps à l'inviter. Alors il l'a provoquée :

« Je sais bien pourquoi vous ne m'invitez pas à vos mardis ; c'est que vous avez des académiciens ; et vous ne pouvez pas m'inviter avec eux... »

« Pas le moins du monde, lui a poliment répondu Madame Ancelot ; venez dès mardi prochain, vous serez le bienvenu. »

Le mardi soir, comme les premiers invités arrivent, le domestique annonce : M. César Bombet ; et Madame Ancelot, effarée, voit entrer Beyle, qui prend aussitôt la parole :

— « Madame, j'arrive trop tôt. C'est que moi, je suis un homme occupé, je me lève à cinq heures du matin, je visite les casernes pour voir si mes fournitures sont bien confectionnées ; car, vous le savez, je suis le fournisseur de l'armée pour les bas et les bonnets de coton. Ah ! que je fais bien les bonnets de coton ! C'est ma partie, et je puis dire que j'y ai mordu dès ma plus tendre jeunesse, et que rien ne m'a distrait de cette honorable et lucrative opération. Oh ! j'ai bien entendu dire qu'il y a des artistes et des écrivains qui mettent de la gloriole à des tableaux, à des livres ! Bah ! qu'est-ce que c'est que cela, en comparaison de la gloire de chausser et de coiffer toute une armée, de manière à lui éviter les rhumes de cerveau, et de la façon dont je fais mes bonnets, avec quatre fils de coton et une houppe de deux pouces au moins... »

On ne peut plus l'arrêter ; et tandis que Madame Ancelot est partagée entre une folle envie de rire et un sentiment d'indignation, les visiteurs qui arrivent écoutent avec stupeur le boniment du commis voyageur en bonnets de coton.

Toujours il prend le contrepied des idées reçues, toujours il éclate en paradoxes. Dès qu'il entend une phrase emphatique, un mot affecté, il fonce. Pour peu que son voisin vante sur le mode épique la grandeur des campagnes napoléoniennes, l'héroïsme des généraux et des soldats, il l'interrompt tout net :

— « L'héroïsme ? dit Stendhal. J'ai vu toute une brigade s'enfuir, parce qu'elle avait été surprise par cinq cosaques ; les généraux à chapeau brodé se sauvaient comme des lapins ; et je suivais, clopin-clopant, une botte à un pied, et l'autre à la main. Seul un gendarme osa résister ; mais quand on le chercha pour lui donner la croix, ce gendarme se cacha, puis jura ses grands dieux qu'il n'avait pas pris part à l'affaire : il croyait qu'on voulait le fusiller. Voilà l'héroïsme. »

Et l'éloquence militaire, telle qu'on la présente dans les bulletins officiels, quelle menterie !

« Je vais vous donner un exemple de l'éloquence militaire. Parti de Moscou, le soir du troisième jour de la retraite, je me suis trouvé, avec environ quinze cents hommes, séparé du gros de l'armée par un corps russe considérable. On passa une partie de la nuit à se lamenter, puis les gens énergiques haranguèrent les poltrons, et, à force d'éloquence, les engagèrent à s'ouvrir un chemin l'épée à la main, dès que le jour permettrait de distinguer l'ennemi... « Tas de canailles, vous serez tous morts demain, car vous êtes trop j... f... pour prendre un fusil et vous en servir », etc. Ces paroles sublimes ayant produit leur effet, à la petite pointe du jour on marcha résolument aux Russes, dont on voyait encore briller les feux de bivouac. On y arrive sans être découvert, et l'on trouve un chien tout seul. Les Russes étaient partis dans la nuit... »

Aux royalistes, il dit que Louis XVIII ressemble au bœuf gras ; aux poètes, que les vers sont des cache-sottise ; aux industriels, qu'ils doivent s'estimer heureux de gagner des millions à fabriquer du calicot, sans prétendre jouer un rôle dans l'État ; aux Françaises, qu'elles sont affectées ; aux Français, qu'ils sont sots. En vain cherche-t-on à raisonner avec lui ; il sourit ironiquement, fait une pirouette, et lance : « Que voulez-vous ? il n'y

a pas moyen que nous nous entendions : je suis
un rat, et vous êtes un chat. » Il est ravi de son
effet, car il souhaite que tout le monde proclame,
avec lui-même :

« L'animal est original ; les dieux l'ont fait
ainsi. »

CHAPITRE IV

Est-ce possible ? Dominique, qui tous les jours
abat les Français au jeu de massacre, comme il
casse des pipes au tir du Luxembourg, finirait par
aimer Paris ? Ne le lui dites pas ; et pourtant...

Seules les Italiennes sont passionnées, d'accord.
Mais si vous avez recherché toute votre vie l'amour
d'une femme romanesque ; si vous rencontrez cette
femme, à la fin, et qu'elle soit non pas Italienne
mais Française, que direz-vous ? Telle Menta,
autrement romanesque que Mélanie, ou que la
Pietragrua, ne parlons plus d'elle ; plus romanesque que Métilde. Ce n'était pas une conquête vulgaire ; fille d'un des hauts dignitaires
de l'Empire, femme d'un pair de France, Menta
fit à Dominique la surprise de l'aimer : et cela lui
fut très doux, car il n'en avait plus l'habitude. Elle
était fine, intelligente, cultivée, inquiète, tumul-
tueuse et changeante comme la mer Océane. Menta
l'accablait de tendresses ou de reproches, suivant

les jours ; elle se montrait pleine d'abandon, ou
d'aigreur ; elle l'appelait pour le renvoyer ; elle
le faisait venir à sa maison de campagne, et le
cachait dans la cave, où elle lui apportait des
vivres par une échelle. Jamais il n'avait été à
pareille fête : voire il n'en demandait pas tant.
Bref, il n'eut pas besoin de transposer pour la
mettre dans ses romans, toute vive.

Par exemple :

De Henri Beyle à Menta.

N'aie pas la moindre inquiétude sur moi, je t'aime
à la passion ; ensuite cet amour ne ressemble peut-être
pas à celui que tu as vu dans le monde et dans les
romans. Je voudrais, pour que tu n'eusses pas d'inquiétude, qu'il ressemblât à ce que tu connais au monde
de plus tendre...

De Menta à Henri Beyle.

Votre amour est le plus grand malheur qui puisse
arriver à une femme ; si elle a du bonheur, vous le lui
ôterez ; si elle a de la santé, vous la lui ferez perdre ;
plus elle vous aimera, plus vous serez dur et barbare
dour elle... Qu'il est pénible de trouver infâme l'être
pu'on aime ! Ce doit être une grande jouissance que de
qétester un homme qui vous a fait tant de mal...

Cela dura deux ans, de 1824 à 1826. Puis elle
cessa d'aimer le whist, et interrompit le jeu.

Il porta vaillamment sa souffrance, qui fut vive :
car il l'aimait encore, si elle ne l'aimait plus. Au

moins toutes les Françaises n'étaient-elles pas des poupées ; au moins dut-il à Menta de connaître, à Paris même, qui n'était plus tout à fait une ville sans passion, des orages selon son cœur. Sans compter Alberte de Rubempré, qu'il appelait Madame Azur, parce qu'elle demeurait rue Bleue ; et qui n'était pas non plus une poupée : elle avait seulement le défaut de s'éprendre des amis de ses amis.

*
* *

Paris est la patrie de son esprit. Car on y trouve les bons compagnons, prêts à donner la réplique aux plus fins ; aussi bizarres, aussi saugrenus qu'on peut le souhaiter ; ennemis des convenances, amis du plaisir ; cosmopolites, campés dans la ville qui tolère toutes les folies, pourvu qu'elles soient gaies. Tel Koreff, le médecin prussien, qui guérit par le magnétisme ; un peu louche, à la vérité, et sans doute espion ; mais si amusant par son esprit, ses saillies, et l'étrangeté de sa personne, qu'on le dirait sorti d'un conte d'Hoffmann. Tel Sutton Sharpe, l'avocat anglais, qui gagne à Londres tout l'argent qu'il veut en défendant la veuve et l'orphelin, pour le dépenser à Paris, allègrement. Et Di Fiore, le Napolitain, majestueux comme un Jupiter de musée, qui se vante d'avoir été condamné à mort dans son pays, au temps de la Révolution : Dominique l'envie, il donnerait beaucoup pour faire figure de condamné à mort. Et Andrea Corner, descendant des doges de Venise, chauve,

pauvre, et qui boit pour se consoler ; quelquefois
on le rencontre, un peu ivre, qui cherche sa
route au milieu du jardin du Palais Royal.

Et des Français aussi, qui ne le cèdent à personne : Delacroix, qui à chaque Salon de peinture
excite l'horreur des philistins et dont M. Ingres
prétend qu'il dégage une odeur de soufre ; Lingay,
qui fabrique des pamphlets politiques pour les
ministres successifs ; Victor Jacquemont, pareil à
un poulain efflanqué, et sans défaut, sauf une envie
basse pour Napoléon ; et Mérimée. — Qui est, a
demandé Stendhal la première fois qu'il l'a vu, ce
vilain petit gamin au nez retroussé, aux yeux
méchants ? — Qui est, a demandé Mérimée, ce
gros homme aux favoris noirs, qui a la tête d'un
boucher italien ? Mais ce gamin gouailleur, encore
inscrit aux cours de la Faculté de droit, avait l'esprit si net, si tranchant, et d'ailleurs si juste, qu'il
fallait bien qu'on l'écoutât ; et ce gros homme entêté
avait tant d'idées originales, qu'il valait toujours
la peine d'engager le fer avec lui. Sur ces bases
s'établit l'amitié de Clara Gazul et de Dominique ;
étrange amitié, batailleuse et agressive ; amitié
implacable, qui associe les esprits sans fondre les
cœurs. Ils se disaient leurs vérités, durement ;
ils se fâchaient, Dominique avec emportement,
Clara sans se départir de son ironie ; puis ils se
raccommodaient sur le dos des imbéciles. Comme
ils s'amusaient, tous les deux, à mystifier les sots !
comme ils aimaient, tous les deux, les bonnes
lettres ! De quelle main experte ils disséquaient

les hommes, tous les deux, pour trouver au fond
des âmes la sauvagerie des instincts primitifs !
Quelle sincérité ils professaient, tous les deux,
sinon vis-à-vis des autres, au moins vis-à-vis
d'eux-mêmes !

Quelquefois, une partie de campagne entraînait
ces compères jusqu'à Meudon. Chaque semaine,
un dîner fin les réunissait aux Frères Provençaux,
ou dans quelque restaurant à la mode : huit ou
dix convives, pas davantage ; plats savants et
vins vieux : le sage ne dédaigne pas les biens de
la terre, et les déguste jusqu'à ce que la goutte lui
recommande la modération. De la gaîté, de l'esprit,
des mots, des anecdotes, des discussions éperdues,
telles que les bourgeois, écoutant ces amis intimes,
les prennent pour des ennemis mortels ; Stendhal,
Mérimée, Delacroix, Koreff, Sutton Sharpe : le
meilleur du dîner, ce sont encore les convives. Les
promeneurs du boulevard de Gand se retournent,
quand passent ces bavards qui jacassent encore :
il n'est bon bec que de Paris.

.*.

Métilde n'était pas absente de son esprit : mais
elle s'estompait ; elle devenait un fantôme
triste et doux. Lorsqu'il apprit la nouvelle de sa
mort, en 1825, et que la consomption, comme on
disait alors, avait émacié cette pâle figure jusqu'à
ce qu'elle prît l'aspect des statues de marbre qui
sont couchées sur les tombeaux : ses amis l'oublie-

ront, pensa-t-il ; les vivants se détournent des cimetières ; personne ne prononcera son nom ; elle sera comme si elle n'avait jamais été ; — mais moi, toujours fidèle, j'aimerai Métilde ; je continuerai à la faire vivre dans mon souvenir ; je serai celui qui entretient la lampe, et seul, je veillerai devant sa mémoire, jusqu'à mon dernier jour. — Cette pensée lui fut consolante ; et Métilde passa au nombre des anges.

Ce n'est pas non plus qu'il ne fût pris du désir de voyager : son humeur vagabonde ne l'entraîna pas seulement en Angleterre, après sa rupture avec Menta ; elle le conduisit deux fois en Italie : et la seconde fois, le risque fut grand. En 1823, il se contenta de flâner, en voyageur, en touriste : tristes noms, quand on a pu se croire Italien, par droit de prédilection. C'était au mois de novembre : quand il quitta Paris, le froid et la brume faisaient grelotter la ville ; quand il arriva à Gênes, les orangers souriaient au soleil. Revoir les musées de Florence, et la tombe d'Alfieri, cet homme énergique, cet homme au grand caractère ; se frotter aux écrivains, fréquenter le cabinet littéraire que dirige Vieusseux, Suisse qui a l'air d'un épervier, et qui travaille pour son compte à fonder l'unité morale de l'Italie ; à Rome, errer sur le Corso, bavarder chez le pharmacien Manni, lequel, derrière ses bocaux rouges et verts, raconte toute sorte d'histoires étonnantes sur la passion romaine ; se moquer des jeunes Français stupides, bâillant devant les tableaux et les déclarant admirables : voilà

qui lui rappela ses félicités passées. Mais trois an
plus tard, lors du second voyage, on le vit qui s
rapprochait peu à peu, par étapes, de Milan.
s'en était allé très loin, à Naples, dans l'île d'Ischia
voire il avait vécu chez des paysans, et jeté du grai
aux poules ; idyllique passe-temps. De Naples,
Rome. De Rome, à Florence ; bien reçu par l
chargé d'affaires de France, et mal reçu par s
femme, Madame de Lamartine. De Florence, i
est facile d'aller jusqu'à Ferrare ; de Ferrare,
Venise ; et si vous êtes à Venise, par quel chemi
rentrerez-vous en France, sinon par Milan ? Il s
retrouvait donc, tout tremblant, aux portes de s
Ville ; avec tous les risques de celui qui veut res
susciter, avec les bonheurs morts, les chagrin
assoupis.

Il arriva dans la nuit du premier janvier 1828
La Scala dormait, et le Dôme, et la casa d'Adda
qui avait abrité jadis le sous-lieutenant au sixièm
dragons ; la place Belgioioso, sanctuaire de Métilde
prenait dans le brouillard un air de mystère et d
mort. Il n'y avait plus que la police autrichienn
qui veillait ; et le fonctionnaire du bureau de
passeports, quand il lut le nom d'Henri Beyle
regarda le voyageur et ouvrit un dossier. Comment
c'était Stendhal-Beyle, cet ignominieux personnage
cet ennemi déclaré du trône et de l'autel, ce libéra
qui n'avait cessé de poursuivre de ses sarcasmes
le gouvernement paternel de l'Autriche, qui se
présentait ainsi d'un front impudent ! Ce mauv
esprit, ce calomniateur, osait demander un permis

de séjour de deux semaines, pour commencer, en assurant qu'il voyageait pour sa santé, pour son plaisir ! Le directeur de la police, dès qu'il fut prévenu, l'expulsa, et prit sa belle plume pour rendre compte de cet événement scandaleux à son chef hiérarchique, gouverneur du royaume lombardo-vénitien. A ce Français irréligieux, révolutionnaire ; ennemi de la légitimité, et par conséquent de tout ordre politique, il avait intimé l'ordre de quitter Milan. En vain ledit Beyle avait déclaré qu'il ne connaissait pas ce Stendhal ; en vain il avait annoncé que dès son retour à Paris, il se réservait de faire parvenir sa justification par le moyen de l'ambassade autrichienne, non seulement pour défendre son honneur, mais encore pour revenir librement à Milan, où il voulait se fixer à titre définitif : ses protestations, qui d'ailleurs manquaient d'énergie, n'avaient pas trompé la vigilance des autorités.

Ledit Beyle est parti la nuit même du jour où il lui a été intimé de quitter Milan, se dirigeant vers la France par la route du Simplon ; et probablement parce qu'il n'avait pas la conscience tranquille, il n'a même pas osé réclamer auprès de Votre Excellence au sujet de l'éloignement qu'on lui avait ainsi imposé.

La surveillance qu'on a exercée sur lui pendant son court séjour à Milan n'a pas donné lieu à des observations spéciales... Le soir, il est allé au théâtre de la Scala.

Je prends des dispositions pour qu'on refuse de

laisser passer ledit Beyle, pour le cas où il se pré-
senterait de nouveau à notre frontière...

Qu'y faire ? Les portes de la Ville étant décidément fermées, il fallait bien s'accomoder de Paris.

C'est pourtant là que tous les matins s'éveille joyeusement un essaim d'idées nouvelles, qui meurt le soir ; c'est pourtant là qu'il vous suffit de regarder et d'entendre pour avoir l'air de ne rien ignorer : vous happez tout au passage. C'est pourtant, de toutes les villes, celle où l'on demande le moins aux gens s'ils sont pauvres, pourvu qu'ils aient de l'esprit. Si vous voulez végéter, gardez-vous de vous y rendre ; si vous aimez la vie, respirez sa fièvre. Vous y verrez toute une population s'inquiéter du succès d'un livre ou de l'échec d'une piéce de théâtre comme d'un événement national ; et plaisanter sur toutes choses, sauf sur les questions qui concernent le langage : car celles-là sont sacrées. L'étranger s'étonne de surprendre, quelquefois dans les plus modestes demeures, les plus nobles fêtes de l'esprit.

Stendhal, qui avait besoin de plusieurs mètres cubes d'idées par jour, humait l'air de Paris. Il connaissait un endroit, entre autres, où il était toujours sûr de se ravitailler. Étienne Delécluze était un homme de goût, romancier, historien, critique d'art des *Débats.* Il n'était pas riche : pour arriver jusqu'à son appartement de la rue Gaillon, on devait gravir quatre-vingt-quinze marches, bien comptées : et son royaume se composait de quatre petites pièces, d'où l'on découvrait la perspective des cheminées sales, et des toits. Mais il donnait à causer, les dimanches ; et les mercredis, il recevait encore quelques amis intimes, qui refaisaient toute la littérature française, comme les politiciens refont l'Europe après déjeuner. Ils étaient romantiques, mais non pas à la façon de Hugo, de Vigny, de Sainte-Beuve et des autres, qui tenaient leurs assises chez Nodier, à l'Arsenal : c'étaient des concurrents. Chez Delécluze, pas de piano, pas de romances, pas de ballades ; pas de lyrisme, pas de catholicisme, pas de moyen-âge, pas de drame en vers ; pas de gilets rouges et pas de crinières. Chez Delécluze, on était romantique parce qu'on était libéral ; parce que, la société ayant changé, et la monarchie absolue, telle que la concevait Louis XIV, étant morte, la littérature devait changer aussi. Est classique, disait-on chez Delécluze, tout ce qui plaisait à nos pères grands ; est romantique, toute littérature qui reflète l'âme des Français de 1825.

Dominique, essoufflé d'avoir monté les étages, s'enfonce dans un fauteuil. Les habitués, Stapfer, J.-J.Ampère, Viollet-le-Duc, Mérimée, Charles de Rémusat, Vitet, Bertin l'aîné, Théodore Leclercq, et les autres, se demandent s'il est de bonne ou de méchante humeur, s'il bavardera ou s'il boudera, s'il se montrera insupportable ou délicieux. Aujourd'hui, il est en verve ; il entend prononcer le nom de Joseph de Maistre, et bondit :

Beyle. « M. de Maistre est un homme qui écrit bien, mais c'est un coquin. »

Cerclet. « Et pourquoi cela, s'il vous plaît ? »

Beyle. « Un homme qui commence par parler de la conscience ! Qu'est-ce que la conscience, je vous prie ? Il n'y a qu'un hypocrite qui s'adresse à des sots, pour en faire des dupes, qui se permette aujourd'hui d'aller invoquer le témoignage de la conscience. »

Cette remarque, prononcée d'un ton incisif, n'étant pas relevée par l'auditoire, qui redoute une discussion inutile, Beyle continue :

« Si nous croyons à la conscience, ici, prenez que je n'ai rien dit, et passons à un autre point : j'ai vu décomposer et recomposer l'eau, je l'ai vu, vu de mes yeux, ce qui s'appelle vu. Or je ne suis pas le seul en Europe, et personne aujourd'hui ne doute de ce phénomène. Que voulez-vous que je pense de M. de Maistre qui, dès les premières pages de son livre, commence à mentir comme un lâche, ou un coquin ? Je sens qu'il veut me tromper, donc c'est un coquin... »

Beyle est déchaîné : comme ce corsaire, dit Delécluze, qui mangeait à table d'hôte au milieu de pacifiques Flamands et les trouvait endormis : alors il tira de ses poches deux pistolets d'arçon, qu'il déchargea par-dessous la nappe, cassant les jambes de ceux-ci, perçant les mollets de ceux-là, pour faire diversion à l'apathie des convives. Beyle s'échauffe, crie, déclare qu'il n'y a que des coquins et des bêtes en ce monde, exception faite pour l'honorable société ; et là-dessus, il s'en va.

Mais tandis qu'il regagne son hôtel des Lillois, en face de la Bibliothèque royale, il s'avoue à lui-même qu'on trouverait difficilement une compagnie semblable à celle qu'il vient de quitter. En Allemagne, pense-t-il, dix amis assemblés pour parler littérature échafauderaient des théories philosophiques si haut perchées qu'elles se perdraient dans les nues : moins elles seraient intelligibles, et plus ils seraient contents. En Angleterre, cette belle égalité des esprits ne saurait se concevoir : les ducs se croiraient plus intelligents que les bourgeois, par droit de naissance. En Italie même, on disserterait, non sans quelque pédanterie ; les amours propres entreraient en jeu ; les meilleurs amis se brouilleraient, et le tout finirait par une petite guerre, à coup de sonnets satiriques et haineux. Cette conversation variée, toujours amusante, volontiers profonde, à condition qu'elle n'en ait pas l'air ; ces joutes et ces tournois, devant des juges très avertis qui marquent les points en souriant ; ces aperçus rapides, ces idées brillantes, ces traits, ces arabesques ; ces piques d'amour-propre, et ces violences mêmes que l'on tolère, parce qu'on sait qu'elles appartiennent à la règle du jeu : tout cela n'est guère possible qu'à Paris.

Seulement, même à Paris, il ne gagne pas de quoi vivre ; et il ne passe encore que pour un homme de lettres manqué.

CHAPITRE V

J u l i e n   S o r e l.

Stendhal — non pas Louis-Alexandre-César Bombet, mais un Stendhal plus secret et plus triste — est assis à sa table de travail, et s'applique à remercier Sainte-Beuve, qui vient de lui envoyer son dernier livre paru, *les Consolations*. Il écrit :

Quant à la gloire, un ouvrage est un billet à la loterie. L'Africa est oubliée, et c'est par des sonnets que Pétrarque est immortel. Ecrivons donc beaucoup...

(26 Mars 1830).

Que de billets il a mis à la loterie, depuis qu'il est revenu de Milan ! Ils sont là, tout près de lui, à la portée de la main, ses livres qui étaient partis à la conquête de la gloire, et qui sont rentrés sans elle : *De l'Amour, Racine et Shakespeare*, la *Vie de Rossini*, les *Promenades dans Rome, Armance*. Souvent il les reprend, les caresse, les annote : billets dont aucun n'est sorti. — Beaux jours milanais, mois qui semblaient tous printaniers, années sans hiver ; et vous aussi, jours affreux qui suivirent le refus de Métilde, crépuscules sans aubes, hivers sans printemps, c'est sur vous qu'il comptait pour animer ses pages, pour y jeter à pleines mains les idées, les émotions, les souvenirs : mais aucun billet n'est sorti. — Les auteurs jadis à la mode sont oubliés, en dix ans le public a liquidé toutes les anciennes gloires ; on ne voit à l'étalage des libraires que des noms nouveaux : mais son billet n'est pas sorti.

Ses livres étaient-ils donc si méprisables ? Qui avait, mieux que lui, lavé la vieille image de l'Italie, pour lui restituer ses éclatantes couleurs ? Quel autre voyageur, se dégageant des mensonges séculaires, était parti d'un pas plus allègre et d'un esprit plus libre à la conquête de terres cent fois décrites et toujours inconnues ? Quel explorateur, fût-il allé jusqu'aux Iles bienheureuses pour y trouver la force intacte de la nature, avait découvert, comme lui, une race où éclatait encore l'énergie primitive de l'homme ?

Qui donc, voyant aux prises romantiques et classiques, avait apporté au secours de la jeune école épigrammes plus acérées, arguments plus expéditifs, et plus claires définitions ? Il avait bousculé les Académiciens, frondé les gens en place, harcelé les professeurs, mis en émoi toute la république des lettres : n'était-ce rien ?

Si les Français savaient lire, s'ils n'étaient pas incurables, ils le remercieraient à genoux de leur avoir enseigné des vérités essentielles : comment il faut non pas comprendre, mais sentir les œuvres d'art ; comment la perfection ne consiste pas dans l'absence de défauts, mais dans la force du caractère ; comment un livre ne doit pas être un pensum bien composé, mais un individu vivant.

Or le public le boude ; les éditeurs le traitent de haut. Quand il vivrait cent ans, il n'oubliera pas ce qui lui est arrivé au moment où, avec toute la timidité, toute l'humilité désirables, il a demandé à Mongie aîné, son éditeur, les comptes du livre *De l'Amour*. Aucun ouvrage ne lui était plus cher, puisqu'il était tout rempli de la mémoire de Métilde ; aucun ne lui semblait plus fort. Personne, il osait **le** dire, n avait mieux analysé la naissance et **le** développement de la passion personne n'était allé plus loin dans le cœur humain. Que Mongie l'aîné lui ait répondu comme il l'a fait — toute l'injustice, toute la stupidité de la vie tiennent là.

> *Monsieur,*
>
> *Je voudrais bien être arrivé au moment où je devrais vous rendre compte des bénéfices que j'espérais avoir sur votre livre de l'Amour ; mais je commence à croire que cette époque n'arrivera pas, je n'ai pas vendu quarante exemplaires de ce livre, et je puis dire comme des poésies sacrées de Pompignan : Sacrées elles sont, car personne n'y touche.*
>
> *J'ai l'honneur d'être, etc.*
>
>   *F. Mongie l'aîné,*
>   *libraire.*

Ce soir, son ennemi personnel, M. Auger, secrétaire perpétuel de l'Académie française, dîne en
ville ; M. Andrieux, d'une main tremblottante, met
ses décorations pour se rendre chez le roi ; M. Ville-
main, chef de la division de la librairie au ministère
de l'intérieur, maître des requêtes au Conseil d'État,
professeur et critique, prépare son feuilleton des
Débats, ou bien son cours où se pressera tout Paris ;
tous ont des places, des honneurs, de l'argent.
Vaut-il moins que ces pygmées ? A peine ses amis
savent-ils que Dominique écrit des livres ; et
Clara, fier du bruit qu'ont fait sa Gazul et sa Guzla,
trouve que les livres de Dominique ne sont pas
bons.

Tous ceux qui vendaient de quoi manger ou boire,
gagnaient de l'argent ; tous ceux qui vendaient
de quoi se chausser, s'habiller, se coiffer, même les
marchands de bonnets de coton, gagnaient de l'argent. Tous ceux qui vendaient de l'argent, en gar-
daient assez dans leurs mains pour se faire bâtir,
discrètement, des hôtels qui ne coûtaient que quelques millions. Et lui-même, s'il était entré dans la
banque, avec Mante ; ou s'il avait dirigé le ravitaillement de Paris, comme le voulait jadis le comte
Beugnot — serait-il dans cette chambre d'hôtel,
n'ayant pour tout bien que ses livres laissés pour
compte, et ses brouillons ?

Sans doute, le pauvre diable qui fait métier
d'écrire a ses plaisirs, que les banquiers ne connaissent pas. Mais on ne peut pas vivre sans quelque ivresse. De toutes les ivresses possibles, il

n'aime pas celle que donne le vin ; il n'est pas comme ce jeune Musset qu'on voit apparaître aux dîners des Frères Provençaux, et qui s'enivre avant le dessert. D'autre part, le temps des grandes amours est passé ; et l'idée seule de s'enivrer d'ambitions vulgaires lui inspire du dégoût. Que reste-t-il, sinon le désir de la gloire ? L'âge mûr arrive, et le temps presse. Jeune, on a l'impression de vivre dans le provisoire ; rien n'est décisif, pas même la douleur ; les défaites sont passagères ; les plaisirs ne sont que l'espoir de plaisirs plus vifs. Tout est créance sur l'avenir. Mais à l'âge de Dominique, on n'aime plus attendre, et même on pense qu'on a désormais trop attendu. Alors se produit un changement de perspective, qui assombrit les jours. La seule clarté qu'on espère est celle de la gloire ; et qui sait si la gloire viendra ?

*
* *

Prenons, prenons des billets à la loterie ; achevons le livre commencé. C'est un roman : peut-être les romans ont-ils plus de chance de plaire aux lecteurs ? Ne nous lassons pas ; *Armance* est encore un billet qui n'a rien gagné, le public n'a pas voulu d'*Armance*. Accueillera-t-il mieux *Le Rouge et le Noir* ? Au travail !

Un chasseur tire un coup de fusil dans une forêt, sa proie tombe, il s'élance pour la saisir. Sa chaussure heurte une fourmilière, haute de deux pieds, détruit l'habitation des fourmis, sème au loin les fourmis, leurs œufs. Les plus philosophes parmi les fourmis ne pourront jamais comprendre ce corps noir, immense, effroyable : la botte du chasseur, qui tout à coup a pénétré dans leur demeure avec une incroyable rapidité, et précédée d'un bruit épouvantable, accompagné de gerbes d'un feu rougeâtre.

Ainsi la mort, l'éternité, la vie, choses fort simples pour qui aurait des organes assez vastes pour les concevoir.

Une mouche éphémère naît à neuf heures du matin dans les grands jours d'été, pour mourir à cinq heures du soir : comment comprendrait-elle le mot nuit ?

Oui, c'est bien là son idée, exactement rendue : les phrases ne se sont pas montrées rebelles à son appel ; les images se sont d'elles-mêmes agencées. Dans la grande nuit qui nous entoure, dans l'éternelle ignorance où demeure plongée notre fourmilière, rien ne vaut, ni la recherche des effets et des causes, ni les essais d'adaptation à l'ordre universel. Notre vie éphémère n'a qu'un bien qui soit sûr : la vie elle-même. Les pâles existences qui se traînent sans élan et sans force sont voisines du non-être. Au contraire, celles qu'anime une énergie farouche contiennent la somme de ce que l'être peut offrir. L'homme qui sait, l'homme qui se voit entouré du néant, et qui ne possède d'autre bien que les instants, les heures, et les jours, se hâte de déployer cette énergie qui le consume en l'enivrant de la

volupté de vivre. Plus il rencontre d'obstacles, **et**
plus il s'affirme ; les conventions sociales, les pré-
ceptes moraux, et les lois énoncées par le Code,
ne sont que des moyens inventés par les faibles
pour paralyser les forts. Il n'y a pas de crimes :
il n'y a que des actes intenses. Celui qui a exalté
qui a magnifié sa vie par la passion, a bien usé du
temps qui lui a été concédé par le mystère, et peut
mourir content.

Telle **est la** pensée dont il veut laisser la trace
parmi les hommes ; et tel sera le héros que l'écrivain, penché sur les cahiers qu'il couvre de caractères tous les jours plus fatigués, tous les jours
plus heurtés, provoque à la vie ; tel sera son Julien
Sorel. Il le fera partir des classes les plus mépri-
sées de la société, pour l'élever par degrés jusqu'aux
sommets du pouvoir, de la richesse, et de l'amour
en foulant aux pieds tout ce que craint le vulgaire
la religion, la morale, la loi. Il le chargera de tous
les souvenirs de sa propre vie, de toutes ses émotions, de tous ses désirs, de façon qu'il puisse chérir
en lui son idéale image. Julien Sorel, fils de paysan,
précepteur, séminariste, abbé, secrétaire d'un marquis, mêlé à la politique, enobli, enrichi, demain
ambassadeur, après-demain ministre, construira
son existence comme un chef-d'œuvre : il se créera
lui-même, vivante statue peu à peu amenée à la
définitive perfection. Méprisant les riches, haïssant
les nobles, détestant les prêtres, il se servira d'eux
pour arriver à la jouissance suprême : posséder
tous les biens de la terre, et les dominer tous ;

fonder sur l'esclavage des autres sa propre liberté.
En même temps, Julien Sorel sera passionné ; et
il sera si beau, que les femmes l'adoreront : que
serait la plus belle vie, sans la passion ? Deux
femmes occuperont sa vie, symbolisant l'une la tendresse et l'autre l'orgueil : car il n'est rien de meilleur
au monde que de se laisser aimer par une âme
tendre, sinon de dompter une âme orgueilleuse
qui peu à peu s'humilie devant son vainqueur.
Et quel bien ce héros, plus habile que les habiles,
plus fort que les forts, pourrait-il souhaiter encore,
sinon ces paroxysmes qui mènent aux beaux crimes, et ces fureurs qui exaltent jusqu'au surhu-
main le sentiment de la vie ? Julien Sorel tuera,
et mourra sur l'échafaud :

*Quelle perspective ! Colonel de hussards, si nous
avions la guerre ; secrétaire de légation pendant la
paix ; ensuite ambassadeur... car bientôt j'aurais
su les affaires... et quand je n'aurais été qu'un sot,
le gendre du marquis de la Môle avait-il quelque
rivalité à craindre ? Toutes mes sottises eussent été
pardonnées, ou plutôt comptées pour des mérites.
Homme de mérite, et jouissant de la plus grande
existence à Vienne ou à Londres...*

*Pas précisément, Monsieur ; guillotiné dans trois
jours...*

Guillotiné, qu'importe ? Julien Sorel pourrait
obtenir sa grâce, en s'humiliant devant la canaille
qui le juge, en implorant sa pitié. Il aime mieux

l'insulter, et mourir dans une apothéose sanglante
Personne ne peut concevoir une vie plus intensémen
remplie ; personne ne peut concevoir une plus bell
mort.

Ah ! le héros formidable ; si impétueux, qu'i
échappe aux prises de l'écrivain qui l'imagine,
que celui-ci a peine à le faire rentrer dans sa ligne
pour le mener jusqu'à l'accomplissement de sor
destin ! Quelle force déchaînée ! Quelle puissanc
à la fois enivrée et lucide ! Les Français de 1830
ces eunuques, seront-ils capables de l'aimer ? N
se sentiront-ils pas écrasés par la comparaison
Ne fera-t-il pas honte à leur platitude ? Ne fera-t-i
pas peur à leur lâcheté ? N'est-ce pas leur offri
un vin trop fort pour leur pauvre goût, que d
leur présenter cet âpre caractère ? Ne crieront-il
pas au scandale ? Se résigneront-ils seulement
regarder sans colère la perspective sur laquelle i
se détache ? Ne diront-ils pas que cette chroniqu
du XIXe siècle est fausse et mensongère ? Que l
livre doive être mis au ban de la foule, d'accord
il n'est pas fait pour elle, il ne veut pas lui plaire
Mais n'effarouchera-t-il pas les prétendus con
naisseurs, dont les uns sont en arrière d'un siècl
et demi, et dont les autres sont corrompus pa
l'emphase romantique ? Et quel sera son sort

Voilà ce que Stendhal se demande, tandis qu'i
travaille, s'interroge, espère, et doute.

Mais tandis qu'il imagine Mathilde de la Môle
l'orgueilleuse amante, prenant à deux mains l
tête ensanglantée de Julien Sorel et l'embrassan

sur le front, la pire amertume lui vient. Il vante
l'énergie qui mène aux crimes illustres, et il vit
en bourgeois. Il exalte les vengeances passionnées :
a-t-il tué la Pietragrua ? a-t-il tué Métilde ? Il
voudrait être semblable à ces artistes de la Renaissance, qui sortaient de l'atelier où ils avaient modelé
la Gorgone ou Persée pour poignarder leur rival :
et il a peur d'éveiller son portier. Il rêve assassinats,
sacs de couvents, pillages de villes, incendies et
viols, et il paye régulièrement son terme. Il prétend
n'aimer que les bandits, et il se chauffe le dos aux
cheminées des salons.

De là peut-être, dans le *Rouge et le Noir*, cet âpre
accent nostalgique, qui vient d'un sacrifice, d'un
renoncement, et d'un appel. La vie ne lui donne
pas le bonheur qu'il lui demandait ; il le sait bien
maintenant ; l'expérience est faite. Il a perdu ses
ambitions, qui exigeaient le tout, la liberté, la
richesse, l'amour : il se raccroche à des débris. Mais
toujours avide et toujours obstiné, c'est à l'art
qu'il va confier son rêve. Ses livres, qui n'ont
jamais été que l'effusion de son moi, vont devenir
son suprême recours, et seront chargés de réaliser
tout son être. Ce qu'il n'est pas capable de faire, il
l'écrit.

CHAPITRE VI

Etre à l'affût de tous les livres qui paraissen
dans le royaume de France, et par surcroît dan
les États d'Italie — c'est grand plaisir. Connaîtr
toutes les nouveautés, les juger d'un regard, alle
vite à l'essentiel, laisser tomber l'ouvrage qu'o
tient en mains pour en saisir un autre, plein d
promesses — c'est un métier qui veut l'esprit l
plus alerte et le plus décidé. Juger, exécuter, con
damner à mort les imbéciles ou les prétentieux
faire sortir de l'ombre et exalter les sages et le
habiles, c'est exercer une royauté parmi les homme
Mais écrire chaque jour des pages que demai
oubliera, c'est grande peine. Se sentir écrasé pa
la masse des productions, n'avoir jamais le temp
de polir une phrase ou de creuser une idée, c'es
grande tristesse. Quand on est inconnu, quand o
écrit sous des pseudonymes ou qu'on ne signe pa

prononcer des arrêts qu'emporte le vent, c'est n'être qu'un roi de comédie.

Tel fut le métier de Stendhal, en attendant la gloire. Il lut des livres par centaines, exprima son avis tout net, hardiment s'attaqua aux réputations usurpées, jamais ne flatta. De chaque ouvrage il prit prétexte pour répéter ses idées chéries, pour affirmer ses caprices, pour exercer sa fantaisie, pour tirer les oreilles des faquins. Il égratigna tant qu'il pouvait les gens qu'il n'aimait pas : ils étaient nombreux. « Le véritable poète du parti ultra, c'est M. Hugo. Ce M. Hugo a un talent dans le genre de celui de Young, l'auteur des *Night Thoughts* ; il est toujours exagéré à froid ; son parti lui procure un fort grand succès. L'on ne peut nier, au surplus, qu'il ne sache fort bien faire le vers français : malheureusement il est somnifère. » — « M. Victor Hugo n'est pas un homme ordinaire, mais il *veut* être extraordinaire ; et les *Orientales* m'ennuient. Et vous ? » — « M. Hugo, ultra vanté, n'a pas de succès réel, du moins pour les *Orientales* ». — « *Hernani*, tragédie de M. Victor Hugo, mal imitée des *Two gentlemen of Verona*, et autres pièces de ce genre du divin Shakespeare, va causer une bataille au Théâtre Français, le 6 février. » — « Le vin de champagne et *Hernani* ne m'ont pas réussi. » Ils finirent par se rencontrer, le critique et le poète : comme deux chats de gouttière, dit Sainte-Beuve, s'avançant l'un vers l'autre avec des précautions infinies, et faisant patte de velours.

Et jusqu'ici tout allait bien : il se défendait

contre les modes du jour, contre les puissances injustes, contre les indulgences qui naissent de la lassitude; il ne se laissait pas dominer par la littérature, il la dominait. Mais quoi ? C'est à des journaux anglais qu'il donnait le meilleur de sa production, le *Monthly Magazine*, le *London Magazine*, l'*Athenaeum*, le *Paris Monthly Review*. Sa prose, sa fine prose acérée, si nette, si svelte, si pure, était traduite en anglais. Quelquefois, ses confrères parisiens s'extasiaient sur le mérite de ces articles anglais, et les retraduisaient à l'usage de la France : ses idées faisaient leur chemin dans le monde, mais sans lui. Et ne croyez pas que les journaux de Londres, ou les journaux anglais de Paris, payent leurs collaborateurs aussi cher que le dit la légende ! du moins les intermédiaires sont-ils de grands coquins, qui traînent pendant des mois avant de régler leurs comptes, ou même ne règlent rien du tout.

On ne peut pas vivre non plus avec ce que donnent les revues parisiennes. Elles fournissent de temps en temps une aubaine : un article permet d'acheter une cravate, un chapeau. Mais si l'on comptait sur sa prose pour s'assurer le vivre et le couvert, on mangerait du pain sec, et on coucherait aux Halles. Etre directeur, c'est une autre affaire ; il aurait bien voulu fonder une revue critique, dont il avait trouvé le titre : *L'Aristarque, ou Indicateur des livres à lire* ; et l'épigraphe : *La Vérité toute nue*. Mais ce sont les capitaux qu'il ne trouvait pas. Donc il peinait, pour faire sa copie. Il

ne s'agissait pas d'attendre les idées, mais de les
faire venir à heure fixe. Ses lectures étaient empoi
sonnées par le souci de récolter un article ; et s
vie intellectuelle, gâtée par la servitude de la profession. Quand il sortait des réunions de chez Delécluze, et qu'il descendait les quatre-vingt-quinze
marches, on l'entendait murmurer :

— J'ai mon idée !

Ou bien, d'un air sombre :

— Je n'ai rien.

Il n'est riche que les premiers jours du mois ; il
ne dîne chez les Frères Provençaux, avec ses complices, qu'au prix de deux, trois, quatre articles,
suivant le menu et la date des vins. Ceux qui ne
sont pas initiés le prennent pour un oisif : il n'est
plus qu'un manœuvre. Pour être libre, il travaille
toute la journée : ou s'il se promène le jour, il faut
qu'il écrive la nuit ; le journal, la revue n'attendent
pas. Ce dandy est un pauvre ; ce fantasque travaille
aux pièces ; et cet écrivain de race vend à bas prix
de la copie sans gloire à des étrangers.

Ce métier-là devenait impossible, à la fin ; et
mieux valait prendre une place : il était fatigué de
faire l'homme libre. Par exemple, archiviste à la
préfecture de police ; à la rigueur, archiviste aux
archives nationales. Et que dire du métier de
vérificateur-adjoint des armoiries près la commission
du sceau ? Etre adjoint d'un homme qui n'a rien
à faire, quelle sécurité ! A défaut de cette fonction
de choix, il accepterait la place d'auxiliaire au
département des manuscrits de la bibliothèque

royale : c'est encore un métier qui n'est pas écrasant, et il se chargerait volontiers de défendre les
manuscrits contre les lecteurs. Mais ici, ces messieurs de la Bibliothèque s'effarèrent, et ne vou-
lurent rien entendre : c'eût été, dirent-ils, intro-
duire le loup dans la bergerie. Les fourmis n'aiment
pas les cigales, et Stendhal était comme la cigale
qui a chanté.

Pour le tirer d'embarras, il fallut une révolution.
Les Parisiens n'étaient pas si lâches, après tout ;
ils ne se contentaient pas de protester contre les
ultras, de caricaturer Charles X, de manifester
dans les rues et de montrer le poing. Voici qu'il
devait leur reconnaître de la bravoure et presque
de l'énergie. Au mois de juillet 1830, ils prennent
les armes, abattent le drapeau blanc, hissent le
drapeau tricolore : lui-même a vu les barricades
qui s'élevaient sur la place du Théâtre Français ;
il a entendu siffler les balles. Le roi est chassé ;
en voici un autre, beaucoup moins arrogant, qui
arrive avec un parapluie sous le bras. Quand Dominique demandera une place, on ne dira plus, en
faisant la moue : « Une place, à ce libéral ? » puisque maintenant, les libéraux sont au pouvoir.

Alors ses amis s'entremirent, et poussèrent à la
roue, Mareste, les Tracy, et même les femmes. On
aborda le comte Molé, ministre des affaires étrangères : puisque M. Beyle connaissait à fond les
choses italiennes, puisqu'il avait même donné une
consultation au ministère, quand il s'était agi de
l'élection d'un Pape, et que la France ne savait

pas au juste quel Cardinal elle devait soutenir,
pourquoi ne pas lui trouver un petit coin en Italie ?
— Le ministre lui donna le consulat de Trieste,
pensant que si ce n'était pas l'Italie, peu s'en
fallait ; et lui alloua quinze mille francs d'appoin-
tements : la richesse.

Il fit ses adieux, jura qu'il remplirait parfaitement son nouveau rôle si surprenant qu'il fût,
qu'il tiendrait sa langue, ne se livrerait à aucune
facétie, respecterait le trône et l'autel, et deviendrait un modèle de gravité diplomatique. Puis
il partit à petites journées, par Lyon ; par Nice,
où il rendit visite à son nouveau collègue, le
consul de France, constatant avec joie que son
occupation principale consistait à tailler ses rosiers ;
\par Gênes ; par Milan, dont la police n'oserait plus
lui défendre l'accès, maintenant qu'il représentait
Sa Majesté Louis-Philippe, roi de France par la
grâce de Dieu et la volonté nationale : au contraire,
elle lui rendrait les respects dûs aux personnages
officiels.

A mesure qu'il s'approche de Milan, il rejoint,
il dépasse, échelonnés sur la route, plusieurs personnages qu'il reconnaît. C'est un adolescent qui
pousse sa haridelle, et porte de travers un grand
sabre maladroit ; gauche, mais non pas ridicule ;
fier, et joyeux de voir le monde s'ouvrir devant
lui. C'est un auditeur au Conseil d'État, inspecteur
de la comptabilité du mobilier et des bâtiments
de la Couronne, qui joue fébrilement avec la grosse
chaîne d'or de sa montre, et d'un air impérieux

ordonne au postillon d'aller plus vite, car il est impatient de savoir si, au terme du voyage, il trouvera l'amour. C'est un étrange individu, qui a l'air d'un prisonnier évadé, et paraît ivre de liberté et de bonheur. Et c'est encore un voyageur déjà sur l'âge, grisonnant, bedonnant, qui marche vers la ville d'un pas inquiet.

Ces ombres qui font effort pour le suivre, mais qui rétrogradent à mesure qu'il s'avance d'un mouvement qu'il ne peut ralentir, lui demandent au passage pourquoi il reprend ainsi cette route familière. — Parce que le hasard, qui pousse les hommes le long des chemins, le veut ainsi. — S'il revient avec plaisir ? — Sans doute. — Avec la grande joie qui les animait elles-mêmes, autrefois ? — Non pas. — S'il croit encore au bonheur ? — A peine. — S'il aime toujours la vie ? — Toujours.

TROISIÈME PARTIE

HENRI BRULARD

CHAPITRE I

A TRIESTE.

Au passage à Milan.

Note du comte de Sedlnitzky, préfet de police de Vienne, au chancelier d'Etat, prince de Metternich.

Vienne, 30 Novembre 1830.

Votre Altesse voudra bien voir par le rapport du directeur général de la police de Milan, baron Torresani, du 22 et 23 de ce mois que le même Français, Henri Beyle, qui en 1828 a été expulsé de Milan et des États autrichiens comme auteur de plusieurs pamphlets révolutionnaires édités sous le nom apocryphe d'un baron de Stendhal et dirigés surtout contre l'Autriche, s'est présenté dernièrement à Milan, en route pour Trieste, afin d'y occuper les fonctions de Consul général qui lui ont été dévolues par l'actuel gouvernement royal de France ; quoique son passeport ne fût pas muni du visa de l'Ambassade Impériale et Royale

d'Autriche à Paris, il a continué son voyage sur Triest»
avec l'assentiment du gouverneur de Lombardie.

Afin d'illustrer à la fois le degré d'hostilité dont c»
Français est animé contre le gouvernement autrichien
et le caractère dangereux de ses principes politiques
incompatibles avec l'esprit de notre politique et ave»
notre système gouvernemental, je me permets de com
muniquer à Votre Altesse les avis motivés de la censur»
sur trois de ses ouvrages : *Histoire de la Peinture e»
Italie*, Paris, 1817, Didot ; *Rome, Naples et Florence*
Paris, 1817, Delaunay ; et *Promenades dans Rome*
Paris, 1829.

Je crois pouvoir supposer que Votre Altesse se déci
dera à refuser purement et simplement l'exequatur
en cas que le gouvernement français se laisse aller à l»
demander pour un homme doublement suspect comm»
Henri Beyle dans la position d'un Consul général »
Trieste. Je prends donc la liberté de solliciter les ordre»
de Votre Altesse, et la prie de vouloir bien prononce»
si ce Français, jadis expulsé des États autrichiens, doi»
être toléré à Trieste jusqu'à l'expédition de cette affaire
ou faire connaître les mesures qu'autrement, il y a lie»
de prendre à son égard.

SEDLNITZK.

La Dignité consulaire.

*Henri Beyle, consul de France à Trieste, au baro»
de Mareste, à Paris.*

Trieste, le 4 Décembre 1830

Je suis comme Auguste, j'ai souhaité l'Empire, mai»
en le souhaitant, je ne l'ai pas connu. Je crève d'ennui

et personne ne se conduit mal avec moi : cela aggrave le mal. Cependant l'héritage de mon père ayant passé en expériences, il faut tâcher de s'accoutumer à ce manque absolu de communication de la pensée.

J'ai cherché à ne pas faire une seule plaisanterie depuis mon arrivée dans cette île ; je n'ai pas dit une chose cherchant à être amusante ; je n'ai pas vu la sœur d'un homme ; enfin, j'ai été modéré et prudent, et je crève d'ennui.

Trieste, le 26 *Décembre* 1830.

Je n'ai jamais mieux senti le malheur d'avoir un père qui se ruine. Si j'avais su, en 1814, le *father* ruiné, je me serais fait arracheur de dents, avocat, juge, etc. Etre obligé de trembler pour la conservation d'une place où l'on crève d'ennui !... Toute ma vie est peinte par mon dîner ; mon haut rang exige que je dîne seul : premier ennui. Second ennui : on me sert douze plats ; un énorme chapon qu'il est impossible de couper avec un excellent couteau anglais qui coûte ici moins qu'à Londres ; une superbe sole qu'on a oublié de faire cuire, c'est l'usage du pays ; une bécasse tuée de la veille, on regarderait comme un cas de pourriture de la faire attendre deux jours. Ma soupe au riz est salée par sept à huit saucisses pleines d'ail, qu'on fait cuire avec le riz, etc. Que voulez-vous que je dise ? C'est l'usage, on me traite comme un Seigneur, et certainement le bonhomme d'aubergiste, qui ne me rencontre jamais dans sa maison sans s'arrêter, se découvrir et me faire un salut jusqu'à terre, ne gagne pas sur mon dîner qui me coûte quatre francs deux sous ; le logement, six francs deux sous. Ma qualité d'oiseau sur la branche (Clara ne comprend pas cette légère

métaphore) m'empêche de prendre une cuisinière. Je
suis empoisonné à un tel point, que j'ai recours aux
œufs à la coque ; je n'ai inventé cela que depuis huit
jours, et j'en suis tout fier.

Racontez mon malheur à Madame Azur, et dites-
lui, si elle sait les mathématiques, de multiplier toute
ma vie par le malheur du dîner. L'absence de cheminée me tue ; je gèle en vous écrivant. Dans l'autre
chambre, j'ai un poêle qui donnerait mal à la tête
au plus grossier auvergnat...

A Madame Virginie Ancelot, à Paris.

Trieste, le 1ᵉʳ janvier 1831.

Hélas ! Madame, je meurs d'ennui et de froid. Voilà
ce que je puis dire de plus nouveau aujourd'hui 1ᵉʳ janvier 1831... Je ne lis que la *Quotidienne* et la *Gazette
de France* ; ce régime me rend maigre. Pour être digne
et ne pas me perdre, comme il m'était arrivé à Paris,
je ne me permets plus la moindre plaisanterie. Je suis
moral et vrai comme le *Télémaque*. Aussi l'on me respecte. Grand Dieu ! quel plat siècle, et bien digne de
l'ennui qu'il ressent et qu'il transpire !

Je touche ici à la barbarie. J'ai loué une petite
maison de campagne qui a six pièces grandes, à elles
six, comme votre chambre à coucher ; elles n'ont
d'agréable que cette ressemblance. Là, je vis au milieu
de paysans qui ne connaissent qu'une religion, celle
de l'argent. Les plus grandes beautés m'adorent au
prix d'un sequin (onze francs soixante trois centimes).
Diable ! Il s'agit de paysans et non de la bonne compagnie. Je mets ceci par respect pour la vérité, et
pour les amis qui ouvriront ma lettre.

Si vous avez la charité de m'écrire, envoyez la longue lettre (de grâce, qu'elle soit longue comme mon mérite), n° 35, rue Godot de Mauroy, à M. R. Colomb, ancien directeur des contributions. J'ignore tout dans ce séjour enchanté ; vous comprendrez l'excès de mon marasme, quand je vous avouerai que je lis les annonces de la *Quotidienne*. Si jamais j'en rencontre les rédacteurs dans les rues de Paris, il est sûr que je les étrangle. Demandez l'explication de ce sentiment de vengeance que jamais votre cœur ne comprendrait, au sombre et profond Mérimée.

Distractions.

Au baron de Mareste, à Paris.

A Trieste, on sent le voisinage de la Turquie ; des hommes arrivent avec des culottes larges, sans aucun lien au genou, des bas, et le bas de la cuisse nu ; un chapeau qui a deux pieds de diamètre et une calotte d'un pouce de profondeur. Ils sont beaux, lestes et légers. J'ai parlé à cinq ou six ; je leur paye du punch, ce sont des demi sauvages aimables ; mais leurs barques sentent diablement l'huile pourrie ; leur langage est une poésie continuelle...

Il fait borra deux fois la semaine et grand vent cinq fois. J'appelle grand vent quand l'on est constamment occupé à tenir son chapeau, et borra quand on a peur de se casser le bras. J'ai été transporté l'autre jour pendant quatre pas. Un homme sage, l'an passé, se trouvant à un bout de cette ville toute petite, *a couché à l'auberge*, n'osant pas, à cause de la

borra, aller chez lui ; il y a eu en 1830 vingt br s ou
jambes cassées...

Je m'occupe beaucoup de mon métier ; il est bon,
honnête, agréable en soi, tout paternel. Ma correspondance s'occupe du commerce *of corn*. Ne croyez point
que Paris soit le plus fertile en ce genre. C'est le Bannat,
Monsieur. Je me suis rapproché du dit Bannat pour
étudier la partie, j'ai fait un voyage à Fiume, c'est
tout à fait le dernier endroit de la civilisation...

Inquiétude.

Au baron de Mareste, à Paris.

Trieste, le 24 décembre 1830.

Je reçois à l'instant une lettre de M. le marquis
Maison, ambassadeur à Vienne qui me dit que M. de
Metternich a refusé l'exequatur, et a donné l'ordre à
M. l'ambassadeur d'Autriche à Paris de protester
contre ma nomination. La première idée de ma misan-
thropie a été de n'écrire à personne. La lettre de M. le
Marquis Maison est datée du 19 décembre et m'arrive
le 24.

J'écris cependant aux amis qui m'ont servi réel-
ment, *facta loquantur*. J'écris à Madame Victor de
Tracy ; M. de Tracy, ancien aide de camp de M. le
comte Sebastiani, et toujours ami, pourra m'être
utile. Je supplie Madame Victor, à qui vous savez
combien je dois, de *décider* pour moi.

Je ne spécifie rien ; je sens de plus en plus que la
chaleur est pour moi, avec mes quarante-sept ans et

le mercure passé, un élément de santé et de bonn humeur. Donc, consul à Palerme, Naples, ou mêm Cadix, mais au nom de Dieu, pas de Nord ! Je n'entr dans aucun détail avec Madame de Tracy, la prian de *décider.*

M. le comte d'Argout a été dix ans mon ami ; mais un jour j'ai dit que l'hérédité de la *pairie* rendait bêtes les fils aînés. Que dites-vous d'une telle gaucherie ?

J'étais pétrifié d'étonnement d'avoir réussi ; mais le port où je comptais trouver un refuge assuré est accessible au vent du Nord...

Epilogue.

Le comte Sébastiani, ministre des Affaires étrangères, à M. Henri Beyle, consul de France à Civita Vecchia.

Paris, le 5 mars 1831.

Monsieur,

J'ai l'honneur de vous annoncer que le Roi a jugé utile au bien de son service de vous nommer consul de France à Civita Vecchia et que Sa Majesté, par la même ordonnance, en date du 5 de ce mois, a désigné pour vous remplacer M. Levasseur, qui se dispose à se rendre prochainement à Trieste. Vous voudrez bien, toutefois, Monsieur, ne pas quitter ce poste avant l'arrivée de votre successeur, et sans lui avoir fait la remise régulière des papiers de la Chancellerie du

Consulat. Je vous préviens en même temps, Monsieur, que je vais envoyer votre brevet à l'ambassadeur du Roi à Rome, en l'invitant à vous le transmettre directement à Civita Vecchia, aussitôt que, par ses soins, il aura été revêtu de l'*exequatur* du Gouvernement Pontifical.

Sa Majesté ne doute pas du zèle, etc.

Le Ministre des Affaires étrangères,

H. SEBASTIANI.

CHAPITRE II

Civita Vecchia.

Le baron de Vaux, consul de France a Civita Vecchia, a été déplacé après seize ans de résidence : et pourquoi ? Parce qu'il avait fait enlever, pour le repeindre, l'écusson pontifical qui ornait la porte du consulat ; et qu'il l'avait remplacé provisoirement par le drapeau tricolore. A cette nouvelle, le gouverneur de Civita Vecchia, indigné, en a référé au Cardinal secrétaire d'État ; celui-ci s'est plaint à l'ambassadeur de France, l'ambassadeur de France en a référé à Paris : et le comte de Vaux, non seulement a été déplacé, mais doit passer les pouvoirs à un mécréant, à un parvenu, à un homme qui n'est pas de la carrière, et que M. de Metternich a chassé de Trieste, honteusement.

Le nouveau consul arrive, tout guilleret, le chapeau sur le coin de l'oreille et la canne haute. *Ogni malo non viene per nuocere,* tous les maux ne viennent pas pour nuire ; M. de Metternich a bien fait de lui refuser l'exequatur : à Trieste, il serait mort d'ennui. De beaux jours luiront encore pour Dominique. Beaucoup de gens n'ont pas d'yeux, mais Dominique en a ; que la curiosité soit trois fois bénie : voici que s'apprête un nouveau régal.

Le consul prend possession de son poste ; c'est pour lui que l'aviso l'*Alerte*, qui est dans le port, hisse le pavillon et tire la salve d'usage : ce n'est pas pour M. de Vaux, qui s'en va tout marri.

Le consul s'est fait faire un bel habit bleu, avec une broderie de dix-huit lignes de large, ni plus ni moins, comme le veulent les règlements ; il a orné son chef d'un bicorne à plumes blanches. Il va présenter ses devoirs au cardinal Galeffi, gouverneur de la ville, petit vieillard aux yeux vifs, qui porte une redingote rouge et un gilet rouge fort usé, qui n'a pas l'air méchant et qui lui fait mille politesses. Le jour de la fête du pays, il assiste à la grand'messe, dévotement ; le soir, installé à la place d'honneur, il admire le feu d'artifice après la joute sur l'eau. Le consulat de France est illuminé par ses soins, non pas avec des lampions, mais avec des torches : et va pour la dépense. Les habitants jugent les hommes en général, et les consuls en particulier, d'après la dépense ; ils ne croient plus aux titres, ils ont vu tomber tant de grandeurs !

Ces Messieurs de la carrière ignorent tout du pays où ils vivent. Ils restent toujours entre eux, à prendre des tasses de thé, rien que de l'excellentissime compagnie, têtes creuses. Isolés, murés, ils sont les derniers à connaître les nouvelles, et chaque fois surpris. Nous procèderons d'une autre manière : nous parlerons avec les habitants, nous les écouterons ; nous ne craindrons même pas de nous frotter à la canaille, et nous en saurons plus en deux jours que Messieurs les Ambassadeurs en deux ans. On va voir ce que peut faire Dominique, lâché dans la diplomatie.

Déjà les affaires étrangères ont reçu plusieurs dépêches signées de lui, et rédigées sur la route de Trieste à Civita Vecchia. Grâce à elles, le ministère sait à quoi s'en tenir sur l'état politique de l'Italie, sur Ferrare, sur Modène, sur Florence : bientôt il n'ignorera plus rien du gouvernement pontifical. De Civita Vecchia partiront des rapports substantiels, qui ne ressembleront pas aux bavardages ordinaires ; des rapports sincères, incisifs ; du jus de faits. Peut-être ne seront-ils pas mis au panier dès l'arrivée du courrier, et tomberont-ils entre les mains d'hommes intelligents, car il y en a, au ministère : alors on les estimera très haut. Ces hommes intelligents, qui seront frappés par le mérite exceptionnel de M. Beyle, ne manqueront pas de prendre le pouvoir dans quelques années ; ils disposeront des bonnes places, des ambassades : à nous les prébendes et les honneurs.

Par bonne fortune, l'Italie est si troublée, qu'elle doit fournir une ample matière aux dépêches, ou bien Dominique est un sot. En particulier, les États pontificaux ne sont pas de ces pays tranquilles qui n'offrent rien à signaler : les Romagnes se sont soulevées, **les Républicains vont marcher sur** Rome ; les Autrichiens interviennent pour protéger le Pape, et là-dessus les Français, qui ne veulent pas être en reste, débarquent des troupes à Ancône : on délègue Dominique auprès du corps d'occupation, pour un temps ; Dominique se frotte les mains. **Les** finances romaines sont si misérables, qu'il **ne reste** que deux cent soixante-dix écus dans le Trésor ; l'armée est prête à déserter ; les employés meurent de faim, tandis qu'on les invite à couvrir un emprunt qui doit sauver l'État. Il faudrait ou bien couper trois cents têtes, et on n'ose pas ; ou bien régner par la force, augmenter les troupes, multiplier les garnisons, et on n'en a pas les moyens ; ou bien faire des concessions aux libéraux, et on ne veut pas. Si Dominique était à la place de Grégoire XVI... Mais ce n'est pas son affaire : il se contentera de suivre la partie engagée, et d'informer Paris.

Messieurs les agents de Ravenne, d'Ancône, de Pesaro, de Terracine, et d'autres lieux ; messieurs les agents qui êtes sous la dépendance du Consul de Civita Vecchia, secouez-vous ; le temps est passé de considérer vos places comme des sinécures ; vous avez maintenant un chef énergique, qui attend de grandes choses de votre zèle ; ayez l'oreille aux aguets, les yeux toujours ouverts ; sachez que S. E. le Ministre des Affaires étrangères demande beaucoup de célérité dans la correspondance, et qu'on ne doit jamais remettre au lendemain un renseignement qu'on peut envoyer le jour même.

Quatre fois par mois, des bateaux à vapeur relâchent à Civita Vecchia, en allant à Marseille : ce serait une négligence impardonnable que de manquer le courrier. N'oubliez pas de répartir vos nouvelles en trois groupes : ce que vous avez vu de vos yeux, ce qui est un bruit accrédité parmi les gens sages, ce qui se réduit à un simple bruit de ville, à un simple on-dit. Vous êtes avertis ; dirigez sur Civita Vecchia la matière des plus copieux rapports ; travaillez. Ainsi Dominique stimule ses troupes, par une circulaire impérieuse, digne d'un grand consul.

Quel est, disent les bureaux de Paris, quel est ce malappris qui se permet d'envoyer des dépêches diplomatiques ? qui passe par-dessus la tête de son ambassadeur ? qui méprise la hiérarchie ? qui donne des conseils au Ministre ? Est-ce un fou ? C'est ce Beyle, ce Stendhal, ce médisant, cet ironique personnage, qui se moque de tout, et des institutions les plus sacrées, comme les bureaux ; cet homme de lettres, ce journaliste, que M. Molé a pris sous sa protection du temps qu'il était ministre. Les ministres passent, les bureaux demeurent, et Beyle est la bête noire des bureaux. Qu'il prenne garde. Des amis prudents lui écrivent de Paris pour lui conseiller de ne plus envoyer de rapports, de se tenir tranquille, de s'abstenir. Un consul, Monsieur, n'est pas un ambassadeur.

⁂

Soit ; il se résignerait à faire petitement son métier, puisqu'on lui ordonnait d'être myope. Il se tournerait les pouces dans son bureau, toiserait d'un air méprisant les rares voyageurs qui se risquent à Civita Vecchia, leur rendrait leur passeport avec un geste de dégoût, se disputerait avec les autorités du lieu, toujours prêtes à chercher pouille aux équipages des navires français : une bonne dispute fouette le sang.

Ah ! quelle misère ! quand on possède une surabondance de forces, quand on voudrait remplir intensément toutes les heures de toutes les journées, parce que la vieillesse est proche et qu'on n'a pas assouvi son appétit de vivre, être condamné à regarder voler les mouches dans un bureau ! Sentir qu'on est commandé par des imbéciles, et courber la tête ! Détester son emploi ; et avoir peur de le perdre, parce qu'on n'a pas d'autre gagne-pain ! Pauvre Dominique, il faut déchanter.

Il faut déchanter, et vivre en tête à tête avec Lysimaque Mercure Caftantioglou Tavernier. C'était une espèce de Grec qu'il avait trouvé sur place, que le comte de Vaux lui avait conseillé de liquider, et qu'en conséquence il avait maintenu au consulat, pour les basses besognes. Car enfin, qui aurait tenu les comptes ? Celui qui n'est pas consul ne peut soupçonner l'importance des comptes ; toujours les bureaux de Paris les trouvent mal faits, les renvoient, et, parce que vous avez commis une erreur d'addition, vous prennent pour un voleur. Lysimaque faisait les comptes comme personne, était poli et doux, connaissait les gens et les lieux, avait les prétentions les plus modestes, et ne demandait rien, ou presque rien, pour l'honneur de servir Monsieur le Consul.

Du moins c'est ainsi qu'il se montra, dans les premiers temps. Quand les comptes revinrent de Paris avec des observations désagréables, Dominique fut moins sûr d'avoir eu la main heureuse. D'autant plus qu'il n'avait pas l'habitude de manier les imbéciles, et que celui-là, à n'en pas douter, en était un de la pire espèce, de l'espèce susceptible. Le faire rentrer dans le devoir, c'était facile à dire ; au contraire, Lysimaque prenait l'offensive, accusait son chef de lui laisser faire tout le travail, et de le payer ladrement ; il ne cachait plus son ambition, qui était de devenir vice-chancelier en titre, et puis chancelier ; il s'adressait directement à l'ambassadeur : pratique intolérable ; il faut toujours passer par la voie hiérarchique, dans la diplomatie : Dominique ne pouvait supporter qu'il en fût autrement. Dans ce trou de Civita Vecchia, dans ce bureau où ils étaient condamnés à vivre, la dispute devint féroce : il y eut une tragi-comédie, que Dominique aurait trouvée bien plaisante, si elle s'était produite chez le consul de Florence ou de Gênes. Lysimaque offrit sa démission, qui fut acceptée : l'ambassadeur, pour arranger les choses, lui enjoignit d'écrire une lettre d'excuses, après quoi il rentrerait en grâce. Lysimaque l'écrivit, mais insultante : d'où il fut obligé de la recommencer ; et le consul dut se tenir pour satisfait. Alors la guerre prit un autre caractère : Lysimaque redevint poli et onctueux : seulement, quand son chef s'absentait, il le dénonçait au ministère. Bref, ce ne fut pas un des moindres maux de Dominique, que de s'être encombré du Lysimaque, noir, méchant, visionnaire, et malheureux.

Comme il aurait volontiers planté là son habit brodé, son chapeau à plumes, et sa dignité consulaire ! Mais il n'osait pas ; il n'osait plus. Le temps de la haute mer était passé : mieux valait rester dans le port où avait abordé sa pauvre barque. Quelque chose était changé, en lui. N'était-il pas vexé, humilié, furieux, à l'idée qu'on lui refusait la croix ? La croix ! je veux la croix ! répétait-il dans ses lettres à Mareste, au comte d'Argout, à Madame Ancelot, à Alberte de Rubempré ; par le ministère des Affaires étrangères, ou par l'Intérieur, ou même par l'Instruction publique, faites-moi donner la croix ! Il était convaincu que tout Français dont le père s'est ruiné a le droit de devenir fonctionnaire ; et que tout Français qui devient fonctionnaire, a droit à la Légion d'honneur, surtout s'il est consul.

*
* *

Il est vrai que Civita Vecchia est une des rares villes d'Italie qui trouve le moyen d'être triste, malgré la Méditerranée ; que son port n'accroche pas l'œil, malgré la tour de Trajan, qu'on ne peut cependant pas contempler tout le jour ; que ses maisons sont lourdes et monotones, on dirait des casernes de carabiniers ; que ses rues désertes sont brûlées de soleil ; que le ciel est trop bleu, inhumain, refusant la charité d'un nuage tout au long de l'été ; et que cette terre ressemble à un coin d'Afrique, où ne poussent que des bâtiments officiels.

Il est vrai que le consul de France s'y ennuie ; qu'il a beau se divertir en jetant dans la mer des pelures d'oranges et des pépins de raisin, ce n'est pas suffisant ; qu'on ne l'invite ni à dîner, ni à causer ; qu'il ne peut fréquenter ni les rares bourgeois de la ville, lesquels ne reçoivent pas ; ni le commun des habitants, lesquels sont en majorité des pêcheurs napolitains ; ni les galériens du Pape : il voudrait bien, mais il recevrait son changement dans les huit jours, et ne mangerait plus au budget.

Tout cela est vrai ; mais ce n'est pas fini. Où a-t-on enfermé Dominique le mécréant, l'ennemi des prêtres ? Dans une ville d'Église ; dans une ville où chaque Pape a voulu laisser son souvenir. Partout des inscriptions, des plaques, des clefs, des tiares, des boules, ou des abeilles ; et les Urbain, et les Grégoire, et les Jean, et les Innocent, et les Pie, et les Léon. Dominique se heurte à un Pape à chaque coin de rue ; et du matin au soir, cette ville morose a l'air de rire de lui.

Alors il se réfugie chez les libéraux : et du coup,

il devient suspect : il n'avait pas si bonne réputation ! La police fait remarquer avec aigreur, dans
ses rapports, que la France a bien choisi son représentant, toujours fourré chez les républicains, dam-
nables en l'autre monde et, s'il est possible, pen-
dables en celui-ci ; toujours fourré chez Donato
Bucci l'antiquaire, ou chez Benedetto Blasi, ou chez
l'avocat Manzi, suppôts du diable. Il ose s'installer,
l'imprudent, chez Donato Bucci : c'est pour mieux
conspirer, il n'y a pas de doute. Les courriers de
Marseille lui apportent des ballots de livres : bro-
chures de propagande révolutionnaire, évidemment.
Il envoie des correspondances volumineuses : elles
sont destinées aux carbonari réfugiés en France,
c'est sûr. Ses lettres, si par hasard il les confie à la
poste pontificale, sont décachetées ; quelquefois
un policier le suit : c'est la seule chose qui lui rap-
pelle Milan.

La chaleur est étouffante, Lysimaque est méchant,
la ville est barbare. Que faire, grand Dieu, que
faire ? Lire les archives du consulat ? Lire tous les
livres qui lui tombent sous la main, en annotant
les marges ? Les livres eux-mêmes finissent par
manquer, il lui en faut tellement. Pourquoi ses
amis de Paris le négligent-ils ? Pourquoi écourtent-
ils leurs lettres ? Pourquoi oublient-ils de nourir sa
fringale ? La plus vile brochure qu'ils rejettent dans
les boîtes des bouquinistes, sur les quais, ferait son
bonheur.

Les boîtes des bouquinistes ; les quais ; cette
douce lumière grisâtre ; les marronniers des Tuile-

ries... On ne s'ennuie jamais, là-bas. Là-bas, on n'est jamais seul ; on n'éprouve jamais cette affreuse impression de vide. Là-bas Clara Gazul, Maisonnette, Mareste, Di Fiore, Madame Azur, font assaut d'esprit ; le soir, les fins causeurs, les hommes cultivés, les femmes aimables, se réunissent, et l'on bavarde entre intimes, entre Français qui savent ne rien prendre au sérieux, sauf l'amitié et l'amour. Là-bas sont restés ses amis, ses égaux, ses pairs.

Mon Dieu ! comme l'homme change ! Faut-il s'avouer à soi-même qu'on aime moins, qu'on n'aime plus ce qu'on a tant aimé ? Quand il est rentré à Paris, il redemandait à grands cris sa chère Italie, pays du bonheur. Et voici qu'en Italie, il redemande la France.

Car il craint que sa pensée même ne soit menacée, à Civita Vecchia ; elle s'affaiblit, elle vacille, elle manque d'huile. « Que de caractères froids, que de géomètres seraient heureux à ma place ! Mais mon âme à moi est un feu qui souffre s'il ne flambe pas. » Dominique n'est pas capable de jouer seul. Seul, il s'ennuie ; et comme il estime que le plus grand malheur du monde est de s'ennuyer, il est au comble du malheur. Celui qui, dans son poêle de Hollande, n'avait pas besoin de compagnons pour détruire et reconstruire l'univers ; et celui qui voyait s'ouvrir à ses pieds la profondeur des abîmes infinis ; et celui qui passait, rêveur, à travers les rues de Kœnigsberg, dédaignant les apparences et cherchant le réel, n'étaient pas ses frères en esprit. Pour Dominique, rien que les nourritures terrestres, rien que la terre ; et il demande à la terre tout ce que la civilisation a trouvé pour tromper le grand ennui des hommes. Il lui faut la société, qu'il observe et qui le regarde ; les amis, qu'il provoque et qui l'excitent ; les salons, qui le choient et qu'il scandalise ; la conversation, le théâtre. la musique, les tableaux, les arts. Entre compagnons à sa taille, c'est alors qu'il s'anime. Mais à Civita Vecchia, pays de Lilliput, si par hasard il laisse tomber un mot d'esprit, les gens en sont écrasés. Seules les banalités sont comprises ; et tel est le danger : il finira par dire, sans se mépriser lui-même, avec un certain contentement, une certaine joie béate : « Je crois qu'il va faire beau, ce matin... »

Écoutez ses plaintes, ses appels. « Je crève d'ennui ; je ne puis faire la conversation avec personne... Quelle perspective de vivre et de m'éteindre ici, ne pouvant parler que d'argent et de chasse !... » — « Je crève d'ennui... Je suis si abasourdi de m'ennuyer à ce point que je ne désire rien, je suis noir... Je deviens plus stupide chaque jour ; je ne trouve personne pour faire ces parties de volant qui s'appellent avoir de l'esprit. Je suis arrivé à ce point de décadence que, dès que je cherche à former des caractères possibles, je suis absurde ; dans l'abominable absence d'idées où je végète, je ressasse toujours les mêmes données... » — « Quelle perspective de ne plus voir les gens de Paris que deux ou trois fois avant de mourir ! » — « Mourrai-je étouffé par les bêtes ? » — « Je m'hébète tout à fait ici. Comment m'amuserai-je quand je serai vieux, si je laisse mourir la bougie qui éclaire la lanterne magique ? »

Volontiers il se croit en sûreté, quand il s'est caché la tête. Dans ses lettres, il n'écrit pas *religion*, mot dangereux, mais *gionreli*, et il est tranquille. Non pas *Dieu*, mais *God* ; non pas le roi, mais *the King*. La censure ne devinera jamais, pense-t-il, ce que signifie *Zotgui*, ou *Lémo*, ou *Gliebro*. Il dit Naples au lieu de Rome, Abeille au lieu de Civita Vecchia, pensant déjouer ainsi les soupçons. Ses lettres sont signées des pseudonymes les plus divers, les plus bizarres. Il est Méquillet, Poverino, Champagne, Cotonet, Gaillard, ou Charrin. Il est Roger Durand, Justin Louart, George Simple, Horace Smith, A.-L. Capello, P.-F. Piouf, L.-C.-G. Martin. Il est Xaintrailles aîné, Michal père, Olagnier de Voiron, Isère. Ou bien Adolphe de Seyssel, Horace de Cluny, Choppier des Ilets, Choppin d'Ornouville, Van Eude de Molkirk, Collinet de Gemme. Ou bien Don Grufo Papera, Timoléon Dubois, Timoléon Brenet, Timoléon Tisset, Timoléon Gaillard. Ou bien Chappuy, Caumartin, Pabos, Darnade, Fabrice, Alceste. Ou bien M. Dimanche, M. Tempête, M. Cornichon, M. Chinchilla, M. William Crocodile. Ainsi de suite : son imagination saugrenue a des ressources infinies, et tous ces noms cliquettent et papillonnent, non sans un relent de folie. Il est le prince de Villers, le comte Change, le comte de Chablis, le baron Relguier, le chevalier de Cutendre : mais parmi ces beaux titres, aucun ne convient mieux à M. le Consul de France que L'Ennuyé, baron Dormant.

₊

En 1833, n'y tenant plus, altéré, enragé presque, il était allé respirer l'air de Paris : sans se faire voir, bien qu'il fût en règle avec les bureaux, et qu'il eût obtenu un congé d'un mois ; sans bavardages imprudents ; sans incartades ; sermonné par ses amis, qui avaient peur pour lui de ses déchaînements. En décembre, il avait repris la route de Civita Vecchia.

Or sur le bateau qui descendait le Rhône, de Lyon à Avignon, il avait rencontré George Sand et Alfred de Musset, qui partaient pour l'Italie, dans l'éclat de leur amour tout neuf.

Musset caricaturait, George Sand décrivait l'étrange camarade, vêtu comme pour aller au pôle, bonnet de voyage, houppelande, et bottes fourrées ; les traits encore fins, malgré l'empâtement du visage ; le sourire toujours ironique, l'œil toujours moqueur ; brillant, et fatigant un peu, avec sa façon de critiquer sans cesse, de contredire chaque mot, de foncer sur toute apparence d'émotion. Il se moqua, raconte la dame,

Il se moqua de mes illusions sur l'Italie, assurant que j'en aurais vite assez, et que les artistes à la recherche du beau en ce pays étaient de véritables badauds. Je ne le crus guère, voyant qu'il était las de son exil et y retournait à contre-cœur. Il railla d'une manière amusante le type italien, qu'il ne pouvait souffrir et envers lequel il était fort injuste. Il me prédit surtout une souffrance que je ne devais nullement éprouver, la privation de causerie agréable et de tout ce qui, selon lui, faisait la vie intellectuelle, les livres, les journaux, les nouvelles, l'actualité, en un mot. Je compris bien ce qui devait manquer à un esprit si charmant, si original et si poseur, loin des relations qui pouvaient l'apprécier et l'exciter. Il posait surtout le dédain de toute vanité et cherchait à découvrir dans chaque interlocuteur quelque prétention à rabattre sous le feu roulant de sa moquerie. Mais je ne crois pas qu'il fût méchant : il se donnait trop de peine pour le paraître.

Tout ce qu'il me prédit d'ennui et de vide intellectuel m'alléchait au lieu de m'effrayer, puisque j'allais là, comme partout, pour fuir le bel esprit dont il me croyait friande.

Nous soupâmes avec quelques autres voyageurs de choix dans une mauvaise auberge de village, le pilote du bateau à vapeur n'osant franchir le pont Saint Esprit avant le jour. Il fut là d'une gaîté folle, se grisa raisonnablement, et, dansant autour de la table avec ses grosses bottes fourrées, devint quelque peu grotesque et pas du tout joli.

Pour moi, je ne vis pas avec regret Beyle prendre le chemin de terre pour gagner Gênes. Il craignait la mer, et son but était d'arriver vite à Rome. Nous nous séparâmes donc après quelques jours de liaison enjouée ; mais, comme le fond de son esprit trahissait le goût, l'habitude ou le rêve de l'obscénité, je confesse que j'avais assez de lui, et que s'il eût oris la mer, j'aurais peut-être pris la montagne...

C'est ainsi que Stendhal prit congé de cette femme pudique, et pour regagner Civita Vecchia, partit seul.

Voici donc les lourdes bâtisses, les rues sans perspective, la place Saint-François, solitaire ; les agents de la douane, qui rôdent ; Romanelli, ce coquin, le commissaire du port. Voici le consulat, et le logis : c'est en vain que le consul de France pour la première fois de sa vie s'est mis dans ses meubles, ses meubles ont l'air de provenir d'un garni ; rien n'est plus banal ou plus laid que ses trois bibliothèques, ses deux commodes, ses deux bureaux. Le mur s'orne d'un médaillon de la Pasta, en bronze ; et d'un portrait de Madame Lafarge : laquelle doit cet honneur insigne à ce qu'elle a empoisonné son mari.

Le retour d'un congé est un moment bien triste. Je pourrais faire trois pages, pas trop mauvaises, sur ce thème. On se dit : vais-je vieillir loin de ma patrie (ou : loin de la patrie, ceci est plus à la mode...)

Vieillir. — Le jour où il s'est aperçu qu'il allait avoir la cinquantaine, il a fait la grimace ; il se répétait : « Je vais avoir la cinquantaine ; je vais avoir la cinquantaine... » Cela devenait une obsession ; pour s'en débarrasser, il a écrit la phrase sur la ceinture de son pantalon blanc. Elle ne le tourmenterait plus, maintenant qu'elle se trouvait fixée. Au reste, de peur d'être compris de la blan-

chisseuse, de la femme de ménage, ou de qui que
ce fût, il a pris soin d'écrire, en abrégé,

J. vais-a voir la 5.

Mais à chaque anniversaire, il s'attriste. Heureux
les imbéciles, qui ont si peu d'effort à faire pour se
tromper ; et malheureux les yeux qui comptent
chaque ride ! Ces cheveux, qui semblent du plus
beau noir, sont teints ; ce toupet triomphant est
un toupet d'emprunt. Et ce ventre ; et ce derrière !
Il a fallu faire fabriquer un fauteuil à Paris, tout
exprès, pour contenir ses vastes dimensions. L'autre
jour, comme Stendhal était au café, on lui a montré
un individu qui passe pour son sosie : Dieu ! qu'il
était laid ! Le teint est fané, les paupières sont
lourdes, et les joues tombantes. Quand on a dépassé
la cinquantaine, les maladies, que jadis on chassait
d'une chiquenaude, s'accrochent à vous, et ne
veulent plus lâcher prise : les jeunes gens ne comprennent pas ces choses-là, et même ils en rient.
Mais ceux qui vieillissent savent bien qu'au lieu
d'être quelquefois malade, il faut se contenter
d'être quelquefois bien portant. Les maux d'es-
tomac. Les maux de tête. Les coliques. La goutte.
La gravelle. On est obligé de se garer des courants
d'air : pourquoi pas une calotte sur la tête, et un
cache-nez ? Et le régime à suivre : pas d'acides ;
pas de café ; surtout pas d'eau chaude, pas d'infu-
sion, le soir : sinon il éprouve des douleurs d'en-
trailles, à faire jurer. Et le regard inquiet qu'il
donne en s'éveillant à ses urines de la nuit : y a-t-il

des cailloux ? de quelle forme ? de quels poids ? Ee
les remèdes : pour que les graviers deviennent rondt
et s'évacuent sans douleur, il prend du bicarbonats
de soude pendant six mois sur douze. Et les consul-
tations de M. Koreff, qui guérit tout, mais pas la
vieillesse. Et l'avis de M. Chomel, de Paris. Et les
lettres inquiètes à M. Prévost, de Genève : je
déjeune avec du thé et du pain beurré, le matin,
est-ce bien ? Je bois peu de vin ; mais quand je bois
du champagne, je me sens moins nerveux le lendemain, c'est extraordinaire.... En vain on appelle
au secours ; car personne ne vaut contre la pire
des souffrances : l'humiliation, le lent avilissement
qui précèdent la mort.

CHAPITRE III

A Ariccia, vous trouverez une auberge où l'on est divinement bien, pour la somme de trois francs cinquante par jour. Et quel séjour que celui de Grotta Ferrata ! Ces monts Albains sont chers aux cœurs voluptueux. Surgissant de la morne plaine qui s'étend autour de Rome, de vertes collines qui portent des cratères éteints ; deux lacs aux eaux sombres, qui ressemblent au miroir de la Belle au Bois dormant ; des forêts de chênes ombreux, et mille rossignols qui attendent le lever de la lune pour donner concert.

C'est là que Dominique, fuyant la canicule, la malaria, la peste, le choléra morbus, et autres maux qui menacent sa ville infortunée, vient prendre le frais. L'été ne le voyait guère à Civita Vecchia ; l'hiver non plus. Du moins s'éclipsait-il, par escapades. Tout d'un coup, on le rencontrait à Naples, parmi les flâneurs de la Via Toledo. Un panache de flamme et de fumée annonce le spectacle du

Vésuve : aussitôt les Napolitains gravissent les
pentes pour ne rien perdre de la fête. Un ruisseau de
lave, visqueux et lent, coule comme une source paresseuse et qui veut s'endormir. Le prince Charles,
frère du roi de Naples, fait imprimer des morceaux
de lave comme on imprime des oublies, avec des
moules en bois : à tout moment les moules prennent feu. Et pour voir, tout en haut du cratère,
un petit pain de sucre qui crache des pierres rouges,
glissant dans la cendre, brûlant ses bottes, reculant
au lieu d'avancer, suant, soufflant, hissé par un
guide, poussé par un autre, Dominique grimpe si
haut qu'il peut grimper.

Tous les chemins ramènent à Civita Vecchia.
Puisque Donato Bucci fait commerce d'antiquités,
et que le chevalier Manzi a entrepris des fouilles
sur l'emplacement de l'ancienne Tarquinies, imi-
tons ces amis fidèles, et distrayons-nous, en bâillant. Ils sont beaux, ces vases noirs arrachés au
passé qui croyait les avoir couverts de son ombre ;
leur forme est harmonieuse, précis leur contour ;
ils ont un air de simple et instinctive noblesse.
Belles aussi sont les médailles ; on fait apparaître
l'effigie en grattant leur carapace de terre d'un
doigt respectueux ; patinées et lustrées, elles
appellent la caresse du regard. Et qui se défendrait
d'être ému, quand la pioche de l'ouvrier retentit
sur la pierre d'un antique tombeau ? Apparaît le
squelette d'un prince ou d'un guerrier qui vivait
en des temps si reculés que notre imagination ne
peut les rejoindre, encore revêtu de ses ornements,

et portant sur le crâne une couronne. Mais l'apparition refuse de revenir au jour ; les os s'effritent au contact de l'air ; tout tombe en poussière très humide, presque en boue ; et c'est dans cette boue qu'il faut pêcher, avec une épingle, les feuilles d'or.

Je deviens antiquaire en diable, dit Dominique, qui sait bien que ce n'est pas vrai. Il aime trop les vivants, qui pensent, qui souffrent, et qui grimacent, pour chérir ces squelettes décomposés. L'antiquaire s'échauffe, s'irrite, se dispute, enfin se brouille avec son ami le plus intime, au sujet de la date d'un pot ; l'antiquaire, à chaque tesson qu'il découvre, reconnaît le fabricant, la fabrique, la ville, l'époque, et toute la civilisation d'un pays ; l'antiquaire ne se sépare pas, pour un empire, de ses trésors. Dominique doute, devient ironique et plisse le coin de sa bouche si l'enthousiasme du chevalier Manzi va trop loin, préfère le plaisir de la quête à celui de la possession, distribue libéralement ses trouvailles. — Un paysan, faisant un trou dans le sol, près de Misène, a exhumé deux têtes de marbre dont l'une ne valait rien, mais dont l'autre était un buste de Tibère : un Tibère exceptionnel, avec des semblants de favoris et des moustaches ; et Tibère cependant, reconnaissable à ses beaux yeux ; Tibère de bonne facture, d'une classe proche des chefs-d'œuvre. Dominique a acheté ce buste ; et le fin de l'aventure, c'est qu'il l'a payé quatre piastres seulement. Quatre piastres, une pièce rarissime, dont les amateurs donneraient

cent piastres comme un sol : est-il joie plus inno-
cente et plus pure ? Ce buste de Tibère, témoin
de sa sagacité, il le destine au comte Molé, son protecteur.

Je deviens antiquaire en diable ; je me distrais,
je me distrais, répète Dominique. Ces distractions-
là sont encore saturées d'ennui. Où respirer, naturellement et sans effort, un air plus léger ? A quatorze lieues de Civita Vecchia s'élève la ville qui
fut trois fois la maîtresse du monde : Dominique le
Milanais va s'efforcer de devenir Romain.

**

Que Paris n'en sache rien : puisqu'on ne peut
vivre à Civita Vecchia, ville d'ennui ; puisque le
comte de Vaux, ce modèle des fonctionnaires,
n'hésitait pas à s'aérer de temps en temps ; puisque
le consul d'Ancône passe à Rome six mois de
l'année — pourquoi ne pas s'installer dans la capitale ; pourquoi n'y pas retenir un pied à terre discret ? Il y avait à Rome, vers ce temps-là, un
peintre qui n'était pas sans renommée, et qui
s'appelait Abraham Constantin. Sa spécialité était
de peindre sur porcelaine ; et la clientèle ne lui
manquait pas, puisqu'il y avait des gens ravis de
posséder la Madone au rossignol sur une assiette,
ou le portrait de Jules II sur un plat. Constantin
était doux, calme, judicieux ; ce n'était point un
de ces amis acerbes et offensifs, comme Mareste
ou comme Clara Gazul, qui auraient volontiers

donné vingt francs pour qu'on jetât un verre d'eau sale sur le bel habit de Stendhal ; mais un ami de tout repos, solide, et fidèle comme un Suisse. Peut-être manquait-il un peu de piquant ; son imagination, toujours paisible, se contentait du réel ; son âme était si bonne, qu'il n'y avait même pas moyen de le mettre en colère, pour se divertir. Comme ils se trouvaient à deux extrémités opposées du caractère humain, cela faisait un attelage où la moyenne était rétablie. Dans un de ces quartiers où s'enchevêtrent les ruelles, qui ont l'air de se refermer vers le haut pour barrer la route du soleil, et où l'on entend, le soir, les voix d'enfants monter comme des cris d'hirondelles, via dei Barbieri, près du théâtre Argentina, Constantin avait établi sa demeure. Elle était assez grande pour recevoir Dominique, qui devint l'hôte du logis.

Jusqu'à son congé parisien de 1833, tel fut son refuge. Lorsqu'il revint, il se contenta d'abord de l'hôtel Cesari, via di Pietra, où ses fidèles peuvent, aujourd'hui encore, rechercher son ombre. Mais bientôt il voulut un nouveau point d'attache, une assurance contre les retours à Civita Vecchia ; alors il s'établit place de la Minerve, devant l'éléphant qui porte sur son dos un obélisque d'Égypte, et presque à l'ombre du Panthéon.

A Rome, les rues ont toujours l'air en fête. Passent les paysannes de la Sabine, qui portent au-dessus de leur robe leur corset bariolé, et balancent sur leur tête leur éventaire de fleurs ; les soldats du Pape, en pourpoint jaune et rouge ; et

les rudes hommes du Transtévère,* au regard sauvage ; et les prêtres sans nombre, et les religieuses
à l'infini, et toutes les cornettes et toutes les bures ;
et les touristes étrangers, les seuls dans la ville qui
aient l'air pressé ; et Flora, la belle Romaine ; et
les Romains, fiers comme des rois. Au début,
Dominique s'amusait, et ne pensait plus à lui-
même. « Voyez-vous », disait-il, « voyez-vous
s'avancer, au petit trot de deux haridelles, ce
carrosse dont le train est peint en rouge ? Deux
pauvres laquais recouverts d'une sale livrée vert
pomme sont montés derrière, l'un d'eux porte un
sac rouge. Si tout cela vient à passer près d'un
corps de garde, la sentinelle jette un grand cri,
les soldats assis devant la porte se lèvent lentement
pour aller chercher leurs fusils ; quand ils sont en
rang, les haridelles ont transporté le vieux carrosse
à vingt pas plus loin, et les soldats se rassoient. Si
vos regards pénètrent dans ce carrosse, vous aper-
cevez un curé de campagne qui a l'air malade... »
C'est de cet œil irrespectueux qu'il voyait les
cardinaux, princes de l'Église.

Il flânait, tuait le temps, bavardait avec Tizio
et Caio, moins sensible aux couleurs qu'aux odeurs
romaines, l'âcre odeur fermentée qui sort des épi-
ceries, l'odeur d'huile qui sort des cuisines, l'odeur
d'encens devant le Gesù, l'odeur des fleurs sur la
place d'Espagne, l'odeur mouillée des cent fontaines, l'odeur de chou pourri qui le chasse du
Corso.

Via delle Botteghe Oscure, sombre, austère,

fait pour les batailles et pour les sièges, fenêtres
grillées, vantaux bardés de fer, écrasant de sa masse
les masures qui l'entourent, s'élève un palais aux
nobles lignes, qui porte écrit sur son fronton :
Caetani. Une longue tradition de puissance et de
gloire est éveillée par ce seul nom. Dominique franchit allègrement l'entrée, répond par un geste de la
main au salut du portier galonné, gravit un escalier
gigantesque, parcourt plusieurs salons en enfilade,
donne un coup d'œil amical aux tableaux, aux
tapisseries, aux statues, et pénètre enfin jusqu'au
boudoir où se tient la maîtresse de maison : laquelle
est princesse, amie des arts, amie des gens d'esprit,
et amie, en son temps, de Paul-Louis Courier.
Elle a trois fils, dont le plus jeune, Don Philippe,
s'avance vers le nouvel arrivant, et l'accueille à
bras ouverts. Don Philippe Caetani et Dominique
font une paire d'amis.

Piazza di Pietra, près des colonnes patinées de
l'ancien temple de Neptune, où la douane pontificale a installé ses bureaux, s'élève un palais qui
porte sur son fronton : Joseph Cini. Moins grandiose, et moins chargé de siècles, ce palais est digne
encore de figurer parmi ceux dont se vante la Ville
Éternelle, qui a mis sur lui sa majesté. Il a pour
Dominique un charme sans égal, parce qu'il abrite
une comtesse de vingt ans, coquette et gaie, dont
le rire sonne clair à travers les salles. Don Michel
et don Philippe Caetani ; le comte Joseph Cini, la
jeune comtesse, sa femme, forment la société des
amis du soir. L'été, la troupe s'en va vers les

châteaux romains. Ce fut ainsi qu'un jour, les arbres de Genzano purent voir cet étonnant spectacle : Monsieur le Consul de France joue à colin-maillard ; les yeux bandés, les bras tendus dans le vide, il se démène avec une agilité qu'on n'eût pas attendue de sa personne, et cherche à saisir au passage le comte, ou de préférence la comtesse Cini.

Quelquefois, on le voit attablé au café Greco, qui est bien le petit café le plus plaisant du monde, parce qu'il ne s'est jamais décidé à choisir entre l'architecture d'une cave et celle d'un boudoir. Les artistes et les écrivains s'y donnent rendez-vous, jouent aux cartes, aux dames, aux échecs, ou bien discutent dans la fumée des cigares et des pipes : quand ils auront fini, la poésie, la peinture, la sculpture, et tous les arts seront renouvelés. Dominique, assis sur la banquette rouge, devant un petit guéridon de marbre poisseux, les écoute, et sourit. Il sort avec majesté, et monte jusqu'à la Villa Médicis. Alors toute la ville s'étend à ses pieds, les dômes, les campaniles, les coupoles, les tours, les toits que les rues éventrent en creusant leur sillon. Pas de couleurs noirâtres, pas de fumées, pas de nuages pesants, pas de brumes : tout semble vibrer dans la lumière ; le gris tendre des toits fanés se fond dans le bleu léger du ciel. Quand le soir tombe, et que s'apprête le premier crépuscule, les lignes et les arêtes s'effacent ; ce ne sont plus que douces nuances attardées ; reflets de miroir pâli ; reflets de clair de lune.

Le directeur de la Villa, Horace Vernet, a son

atelier sous les grands pins parasols, au milieu des buis et des roses. Horace Vernet aime les lévriers et les singes, les mandolines et les cors de chasse, les masques, les plastrons, les fleurets, les épées, les étoffes voyantes et les meubles gothiques : son studio devient un bric-à-brac. Mais il n'en est pas moins un fort brave homme, et a le grand mérite de tenir salon ouvert. Les pensionnaires de la Villa sont plus âpres. Dominique n'aime pas ces jeunes hommes : serait-il jaloux de leur verdeur ? Ces jeunes hommes n'aiment pas Dominique, « Un vieil ours grognon », déclare un des pensionnaires, M. Hébert, qui est de Grenoble et quelque peu son parent. Et M. Berlioz n'est pas plus indulgent. C'est jour de fête ; la place Navone, dont les maisons suivent la ligne d'un ancien cirque romain, est inondée ; les tritons des fontaines, les Néréides, les monstres marins, les masques monstrueux qui gonflent les joues pour cracher, ont jeté tant et tant d'eau pendant la nuit, qu'on dirait maintenant un lac où croisent des barques fleuries. Tout autour, sur la marge que l'eau caresse, circulent les voitures des grands de la terre, venus pour voir et pour se montrer. Et M. Berlioz, le musicien flamboyant, recueille les propos de la foule :

« *Mirate ! Mirate !* voilà l'ambassadeur d'Autriche !

— Non, c'est l'envoyé d'Angleterre !

— Voyez ses armes, une espèce d'aigle...

— Du tout, je distingue un autre animal ; et d'ailleurs la fameuse inscription : *Dieu et mon droit.*

— Ah ! ah ! c'est le consul d'Espagne avec son fidèle Sancho. Rossinante n'a pas l'air fort enchantée de cette promenade aquatique.

— Quoi ! lui aussi ! le représentant de la France !

— Pourquoi pas ? ce vieillard qui le suit, couvert de la pourpre cardinalice, est bien l'oncle de Napoléon.

— Et ce petit homme au ventre arrondi, au sourire malicieux, qui veut avoir l'air grave ?

— C'est un homme d'esprit qui écrit sur les arts d'imagination, c'est le consul de Civita Vecchia qui s'est cru obligé par la fashion de quitter son poste sur la Méditerranée pour venir se balancer en calèche autour de l'égout de la place Navone ; il médite en ce moment quelque nouveau chapitre pour son roman *Rouge et Noir...* »

Berlioz ajoute, (car qui connaît, à vrai dire, le nom de l'auteur du *Rouge et Noir ?*) pour que nul ne s'y trompe :

« M. Beile, ou Bayle, ou Baile, qui a écrit une *Vie de Rossini* sous le pseudonyme de Stendhal, et les plus irritantes stupidités sur la musique, dont il croyait avoir le sentiment. »

****

On s'entendrait encore avec les ambassadeurs : mais le diable emporte les chefs de bureau du ministère ! M. de Saint-Aulaire, fin, cultivé, indulgent, est un des rares esprits qui sachent tenir leur partie, quand on joue à faire de l'esprit. M. de

La Tour Maubourg, qui lui succède au palais de l'ambassade, a poussé jusqu'à Civita Vecchia, et a compris du coup qu'on ne pouvait obliger à la résidence un pauvre consul qui s'ennuie : c'est donc un chef intelligent. Dominique vient à l'ambassade un jour sur deux ; quelques minutes de conversation suffisent à régler les affaires courantes ; après quoi les pièces officielles sont expédiées à Lysimaque, heureux de régner sans partage : et grand bien lui fasse. Dans ces conditions, le métier ne serait pas trop pénible, si Paris ne se fâchait, ne protestait grossièrement contre les absences réitérées de M. Beyle, et n'exigeait de prompts retours à Civita Vecchia. En 1834, le ministre des Affaires étrangères, qui n'est plus, hélas ! le comte Molé, lui expédie un avertissement ; en 1835, une mise en demeure belle et bonne : « J'ai lieu de croire, Monsieur, que malgré l'invitation particulière que vous a donnée mon prédécesseur de vous conformer à l'article 35 de l'ordonnance du 20 août 1833 par une résidence non interrompue à Civita Vecchia, vous avez continué à vous absenter fréquemment de cette ville ; je ne consens à fermer les yeux sur une violation aussi formelle et aussi prolongée des ordonnances que dans l'espoir qu'elle ne se renouvellera plus. Je vous le recommande, Monsieur, si vous avez à cœur de conserver le poste que S. M. vous a confié ; car il ne me serait pas possible de vous affranchir, par exception, de cette partie de vos devoirs... »

Quel style ! bougonne Dominique, en suivant

la route sans ombre qui le ramène à son poste. Et quels sentiments bas ! Et quelle injustice ! Est-ce ma faute, si ma santé m'oblige à fuir de temps en temps un climat détestable ? Je voudrais bien voir à ma place ce M. de Rigny, qui écrit si mal ; je le mets au défi de rester douze mois par an dans une ville de fièvre et de malaria. Qu'un agent réside à Civita Vecchia, ou à Rome, qu'importe, pourvu que son service soit fait ? Après tout, je ne me suis pas absenté ; je me suis éloigné : ce n'est pas la même chose. Jamais je n'ai perdu de vue mon bureau, pour ainsi dire : jamais je ne suis parti plus loin qu'à sept heures de marche ; jamais, ou presque jamais. Encore suis-je couvert par mon ambassadeur, qui a parfaitement compris mon cas. Faut-il qu'on me traite comme un valet, en me menaçant de me casser aux gages ? Et je dois obéir ; et je dois me conformer à l'article 35 ; et je dois faire le gros dos pour laisser passer l'orage, parce que mon père s'est ruiné. Il est écrit que Dominique n'aurait que peines ; il est écrit qu'on enlèverait à Dominique même ses pauvres plaisirs...

Pauvres plaisirs, à la vérité. Il se l'avoue peu à peu et tristement : même ce fruit défendu, qu'il cueillera en dépit de tous les ministres du monde, même ce fruit défendu est sans saveur. Il ne trouve pas à Rome l'atmosphère dont son esprit est avide. Les Romains sont comme les vins de leurs châteaux, violents et lourds. La conversation légère et bondissante, qui égratigne ou qui caresse, n'est pas

leur fait : ils aiment les plaisanteries appuyées, les
effets pesants : leurs discussions tournent à la dispute. Essayez seulement de contredire un homme
du peuple : il verra rouge. Une âpreté demeure
toujours au fond de leur caractère. Même Don
Philippe, même les amis du soir, comprennent mal
Dominique, et sont incapables de saisir à la volée
les trésors qu'il prodigue. A Rome, on s'asphyxie
moins vite qu'à Civita Vecchia : on s'asphyxie
pourtant. Pas d'idées ; pas d'étincelles. Ce doux
climat amollissant enlève le goût de l'effort : on se
laisse aller non seulement aux délices de ne rien
faire, mais à l'habitude de ne plus penser.

« Beyle est consul à Civita Vecchia, écrivait
Mareste à Sutton Sharpe. J'ai vu ces jours-ci
Horace Vernet, directeur de l'Académie de peinture
à Rome ; il m'a dit que le grand homme s'ennuyait
outrageusement dans la Ville Éternelle. Il veut
parler librement comme dans nos salons de Paris ;
il discute, il tranche, il disserte à sa manière. Les
pauvres Romains, qui ont une peur horrible de se
compromettre avec leur aimable gouvernement, se
bouchent les oreilles et s'enfuient. L'interlocuteur
reste seul et il ne sait que devenir. Vous savez que
pour lui un auditoire est chose nécessaire. Il m'écrit
donc qu'il est malade, très malade, qu'il a des rhu-
matismes, qu'il craint le choléra morbus, etc., etc..
etc., ce qui veut dire : je suis rongé d'ennui... »

C'est vrai : Dominique s'ennuie. Aussi ne fait-il
pas à Rome le don complet de lui-même : au
contraire, il résiste à l'enchantement. Peut-être

a-t-il passé l'âge où l'on subit les charmes ; peut-être découvre-t-il une inimitié profonde entre la ville et lui. A mesure que le temps s'écoule, sa désillusion s'accentue ; et il pense avec mélancolie : « J'ai adoré et j'adore encore, du moins je le crois une femme nommée mille ans. La passion a été une folie, de 1814 à 1821. J'ai obtenu en mariage sa sœur aînée, nommée Rome : c'est un mérite grave, sévère, sans musique ; je la connais exactement et à fond ; il n'y a plus rien d'exalté ni de romanesque entre nous après quatre années de matrimonio ; je l'abandonnerais avec plaisir... »

Rome, qu'ont recouverte les alluvions des grands âges, offre une variété de richesses que n'égale aucune ville au monde. Fière de ses ruines, de ses catacombes, de ses églises, de ses musées, elle défie la satiété. Les passants ne se vantent pas de la connaître ; elle demande qu'on s'installe chez elle à demeure ; elle est Cosmopolis. Elle est lumière et beauté. Colonnades de Saint-Pierre ; pyramide de Cestius, où pousse l'herbe des tombes ; temples du Forum, et demeures impériales du Palatin ; Pincio, d'où l'on voit le soleil couchant s'attarder à ses grands jeux : vous n'avez qu'à choisir ce qui convient à votre âme, parmi ces lieux célèbres qui ont vu passer tant de méditations, et tant de rêveries, qu'ils se sont imprégnés d'humanité. Vers la fin d'une après-midi d'été que vient rafraîchir la brise marine, gravissez la pente qui mène de la place d'Espagne à la Trinité des Monts. Entre les maisons rosées, l'immense escalier déploie doucement ses courbes et ses volutes. C'est l'heure où la lumière n'est plus offensante. et où elle baigne tendrement les ocres attiédis et l'or fané des pierres ; c'est l'heure où les martinets vont se pourchassant ; où les femmes s'accoudent aux balustrades ; où les séminaristes, taches noires ceinturées de cramoisi, descendent lentement les marches, retenus par je ne sais quelle douceur ; c'est l'heure où l'on entend tinter la cloche fêlée de l'église, qui invite les fidèles à se recueillir pour la tombée du jour. Arrivé au faîte des degrés, et vous retournant vers la ville, dites si vous avez connu, au cours de votre vie, plus de grâce et plus de grandeur.

Mais tout est grave à Rome ; tout est sévère. Les palais massifs semblent enfermer des secrets. Les statues aux grands gestes ont une majesté triste. Les colonnes des temples païens sont brisées, et ruinés les arceaux : on voit des enfants jouer avec les pierres des basiliques, et les femmes laver leur linge dans des tombeaux. Les fontaines, partout épandues, font entendre un murmure qui ressemble à une prière ; toutes les cloches sonnent des appels ou des plaintes ; toutes les croix ne sont qu'un symbole. Dominique n'aime que la vie ; et Rome ne lui parle que d'éternité.

CHAPITRE IV

Henri Brulard.

Dominique rentre dans sa maison déserte, et
s'afflige d'être seul, et pense qu'il sera seul tout le
temps de sa vie, et rêve d'entendre autour de lui
les pas d'une femme, et sa voix. Le mariage — ah !
l'idée ridicule, la troublante idée ! l'absurde
idée, qu'il chasse et qui revient ! la sotte, la folle
idée, qui occupe et qui charme la détresse de ses
nuits et de ses jours ! Toute la liberté du monde
vaut-elle une tendresse sûre ?

Les songes anciens s'éveillèrent, à cette perspective ; toute la partie fraîche de son âme, la plus
profonde peut-être, se reprit à espérer : il osa regarder autour de lui, timidement. Nous savons que
Dominique fit plusieurs projets de mariage, vers
ce temps-là ; nous en connaissons au moins un,
que la tradition nous a rapporté, et qui s'esquissa
l'année 1835, une des plus tristes de sa vie. A Civita
Vecchia vivait une famille française, nommée
Vidau : le père, la mère, et une jeune fille, nette

et drue. Des gens de rien, assurait Lysimaque ; le père menuisier, la mère et la fille blanchisseuses. Une excellente famille, disaient ses amis ; une famille noble, qui avait perdu sa fortune et s'était mise au travail. Ce n'est pas que le consul de France déplût aux Vidau, ou même à leur fille ; mais on avait peur de son irréligion. — Qu'à cela ne tienne, laissait entendre le consul ; il est vrai que j'ai mes opinions, mais je respecte celles des autres ; voire je n'ai plus pour le catholicisme cette hostilité que je professais autrefois : à chacun sa liberté. — Le mariage se serait peut-être arrangé sur ces bases, si M. Vidau n'avait avisé de ses projets un frère à héritage, qui s'était retiré par piété dans un couvent du Piémont. — Beyle ! s'écria celui-ci ; dites plutôt Stendhal, ce fanfaron d'incrédulité, ce misérable ! — Tout fut rompu.

Et Dominique resta seul. Mais non pas sans rêver encore ; non pas sans offrir humblement sa tendresse ; non pas sans chercher à tout prix quelque amour.

La Comtesse Sandre, ainsi qu'il l'appelait — Cini, cinis, cendre, Sandre — riait volontiers quand il racontait ses histoires, soit qu'elle eût plaisir à l'entendre, soit qu'elle aimât montrer ses jolies dents. Elle était gaie, elle n'était pas prude : il s'enhardit jusqu'à soupirer pour elle, jusqu'à l'aimer. C'était le temps du Carnaval ; un grand bruit de fête remplissait Rome ; les masques, debout dans leurs carrosses, jetant à la foule dragées de plâtre et bouquets, se suivaient sur le Corso, depuis la place de Venise jusqu'à la place du Peuple ; le soir, les théâtres s'emplissaient pour les veglioni et pour les bals ; là se desserraient les liaisons anciennes et commençaient les nouvelles amours. La comtesse dansait, Stendhal regardait : il regardait Don Philippe, son ami, qui faisait la cour à la comtesse Sandre. Et voici que la jalousie opposait les deux hommes : Don Philippe, jeune, riche, noble, beau, favori du bonheur ; et Dominique sur son déclin.

Le bal qui suivit rassembla les mêmes acteurs ; les deux rivaux causaient, dans un coin. Oui, c'était entendu, l'amour ne réussirait pas à rompre leur amitié. Désormais Dominique n'essayerait plus de chasser Don Philippe d'une place déjà prise ; et de son côté, Don Philippe permettrait à Dominique de venir autant qu'il voudrait chez la comtesse, en franc camarade, comme par le passé. Rentré chez lui, le pauvre Dominique n'oublie pas de ponctuer sa vie, suivant son habitude ; et il écrit sur la marge d'un de ses livres :

Sacrifice fait. Comtesse Sandre. 8-17 février 1836.

Il ne trouve plus que dans le passé l'exaltation dont il a besoin pour vivre.

En ce temps-là, il y avait incompatibilité d'humeur entre la carrière et le métier de romancier. Les consuls avaient le droit de dormir, de jouer au whist ou au boston, de fumer, de ne rien faire, ou de faire en somme tout ce qu'ils voulaient, sauf d'écrire des fariboles, contraires à leur éminente dignité, et à celle de S. M. le roi de France, père de tous les consuls. — Il écrivait tout de même, mais en cachette, comme un écolier qui fait des vers au lieu de son pensum.

Un jour, en fouillant dans une bibliothèque, que découvre-t-il sous une couche de poussière épaisse comme trois écus ? Des manuscrits qui contiennent de merveilleuses histoires ; brèves, violentes, hautes en couleur ; inouïes. Il en tire une, elles s'accrochent et viennent à plusieurs, comme les cerises. Il appelle un scribe, fait exécuter une copie : et le voilà propriétaire de douze volumes d'histoires italiennes, qui deviennent son plus cher trésor.

Tandis que ronflent les gens de Civita Vecchia, il se délecte à lire ces sanglants récits. Il est transporté de trois cents ans en arrière, et mêlé aux plus tragiques aventures d'amour et de mort. Il devient le contemporain de Francesco Cenci, qui, au temps du Pape Clément VIII, donnait au monde l'exemple de tous les vices : au point qu'il se mit en tête de séduire sa propre fille, Béatrice, qui était belle et qui avait vingt ans ; et parce qu'elle résistait, il l'enferma dans son château de la Petrella. Alors Béatrice, avec l'aide d'un abbé qui l'aimait, et de deux assassins qu'elle paya, résolut de tuer son père, et en effet le tua. L'un des deux bandits est pris, avoue son crime, dénonce Béatrice ; **un procès** commence qui passionne toute la ville ; les avocats les plus fameux cherchent à sauver la coupable...

Mais Béatrice Cenci meurt de la main du bourreau ;
son beau corps est exposé sur le pont Saint-Ange ;
le soir, les dames romaines viennent le prendre, le
revêtent d'une robe blanche ornée de fleurs, et à
la lueur de cinq cents flambeaux, le conduisent
iusqu'à sa tombe : Dominique assiste à l'assassinat,
au procès, à l'enterrement. Il passe à un autre récit,
retrouve les mêmes violences, les mêmes crimes, les
mêmes caractères exaspérés. Quelle énergie ! Quelle
flamme ! Il est impossible d'imaginer plus pathé-
tiques histoires ; et ce qui le réjouit tout spéciale-
ment c'est qu'il les croit vraies, puisqu'il les a
trouvées dans des manuscrits. Ces caractères, qu'on
dirait inventés à plaisir par quelque sombre romancier, sont pour lui authentiques et réels. Ainsi étaient
les hommes, avant qu'ils ne fussent dépravés par
l'excès de la civilisation ; ainsi était le cœur des
femmes, avant qu'on ne leur enseignât la décence
et l'hypocrisie. Dès que Dominique retrouvera
Paris, une chambre au sixième, et sa liberté (à moins
que ces délices ne lui soient interdites pour toujours), il les publiera sans les changer, ces sombres
histoires, sans les gâter par la moindre addition :
il se contentera de les traduire, en gardant leur
saveur. Et même le texte italien sera mis à la disposition du public, pour que les Français puissent
voir qu'il ne s'agit pas de fables inventées à plaisir,
mais d'authentiques documents. Ces chroniques
montreront la façon dont on aimait, dont on
vivait, dont on tuait, à une des époques les plus
belles et les plus florissantes de l'humanité, dans

la splendeur de la Renaissance italienne. Toutes sèches qu'elles paraissent, et sans ornement, elles permettent d'atteindre à des profondeurs inconnues, et d'arriver jusqu'à l'instinctive sauvagerie des âmes fortes.

C'est le meilleur passe-temps de l'exilé, son réconfort et sa joie. Il souhaiterait la male mort aux érudits, si ceux-ci lui disaient que ses chers documents originaux ne sont que des récits de seconde main ; que ses rarissimes manuscrits se retrouvent dans nombre de bibliothèques publiques ou privées ; et que ses très véridiques histoires appartiennent au genre du roman feuilleton. Il les vouerait à la male mort ; ou plutôt, il refuserait de les croire, parce qu'il a besoin de ses historiettes romaines pour nourrir son rêve : et il les tient si serrées, que personne ne les lui arrachera. A mesure que l'Italie du présent s'éloigne de son idéal, il se retourne vers l'Italie du passé, telle au moins qu'il l'imagine ; vers une Italie ardente, raffinée, et barbare, qui s'enivrait de volupté et de sang. C'est alors qu'on savait aimer passionnément les fresques, les marbres et les bronzes, qu'on s'enthousiasmait pour la ciselure d'une bague ou d'un poignard, qu'on portait en triomphe les œuvres immortelles ; c'est alors que l'individu se déchaînait dans sa violence et dans sa liberté ; que les passions étaient poussées à leur paroxysme, et qu'on jouissait même de la vengeance, même de la haine, même de la fureur ; c'est alors que les femmes, exaltées, exaspérées, et toujours tendres cependant, toujours nobles et fières, mettaient dans leur existence tant de beauté, tant de grandeur. tant de passion farouche, qu'à vingt ans elles croyaient avoir épuisé tout ce que peut donner la vie, et se tuaient sans remords. Aujourd'hui, le monde est décoloré, et fade jusqu'au dégoût ; on ne sait même plus apprécier, je ne dis pas un parricide, mais un pauvre petit empoisonnement, un simple assassinat. Restait l'Italie, où l'énergie s'était réfugiée ; mais avec sa manie de vouloir sa liberté, son unité, de réclamer la Charte et les deux Chambres, elle perd son caractère original, et devient semblable aux autres nations de l'Europe. Le monde est vide, le monde est ennuyeux ; et plus ne reste qu'une ressource : placer au temps des Borgia les délices de l'âge d'or.

*

« *Je suis si différent de ce que j'étais il y a vingt ans qu'il me semble faire des découvertes sur un autre...* » Cet autre est Henri Brulard.

Henri Brulard est las, désabusé. Où sont les illusions d'Henri Beyle ? l'orgueil et la jactance de M. de Stendhal, ancien officier de cavalerie ? la pitié amusée que Dominique éprouvait encore pour lui-même ? Où sont ses anciens espoirs : « les regards des plus belles femmes, la considération et les richesses, bonheur de la vie ? » Henri Brulard a la goutte et la gravelle, et il est seul.

La lumière romaine blesse ses paupières rougies ;
ce qu'il aime maintenant, c'est l'ombre ; il dit :
« J'ai trop vu le soleil. » Il s'assied sur les marches
de San Pietro in Montorio, au Janicule ; le vent
léger et chaud qui pousse de petits nuages blancs,
là-haut, dans le ciel, est le même qui vient caresser
sa figure ; et il rêve à sa vie passée. Ou bien il
s'arrête dans le chemin solitaire au-dessus du lac
d'Albano, et avec sa canne, il écrit des lettres dans
a poussière :

V. A^a. A^d. M. M^l. A^l. A^{ine}. A^{pg}. M^{de}. C. G. A^r.

Ce sont les initiales des femmes qu'il a aimées,
depuis Virginie Cubly jusqu'à Madame Azur : à
peine les a-t-il tracées qu'elles sont emportées
par le vent.

Dans l'âme d'Henri Brulard, il y a maintenant
plus de regrets que de désirs ; et deux grands
chagrins, qui l'obsèdent. Les autres hommes se
jugent, se condamnent, et plus volontiers s'ab-
solvent, au tribunal où ils se convoquent eux-
mêmes ; ils veulent un verdict qui leur permette
de partir en repos vers les pays inconnus qui sont
au delà des portes de la mort. Mais non pas Henri
Brulard, qui ne s'est jamais jugé, qui ne se juge
pas, qui ne se préoccupe pas de savoir s'il a bien
ou mal agi. Le naturaliste juge-t-il le poisson ou
l'oiseau ? Il les prend comme ils ont été créés, et
se contente de les classer, dans leur famille, dans
leur genre et dans leur espèce. De même, Henri

Brulard ne se juge pas : mais quand il s'analyse, il constate dans son âme deux grandes douleurs.

D'abord, il ne se connaît pas. Depuis qu'il a l'âge de raison, il n'a pas cessé de se scruter, ce fut son jeu, son occupation, sa manie ; il a noté ses tressaillements, ses contractions, ses vibrations ; pas de jour où il n'ait pris la plume, pour fixer le souvenir d'une des nuances légères de son être changeant, et non pas au hasard, mais en se conformant à une science méthodique, à une doctrine : et au bout de quarante années d'application, le résultat, c'est qu'il ne se connaît pas.

Qu'ai-je été ? que suis-je ? en vérité, je serais bien embarrassé de le dire.

Je passe pour un homme de beaucoup d'esprit, et fort insensible, roué même, et je vois que j'ai été constamment occupé par des amours malheureuses.

Qu'ai-je donc été ? Je ne le saurai. A quel ami, quelque éclairé qu'il soit, puis-je le demander ? A quel ami ai-je jamais dit un mot de mes chagrins d'amour ?

Ai-je été un homme d'esprit ? Ai-je eu du talent pour quelque chose ?

Homme d'esprit ou sot ? Homme de courage ou peureux ? et enfin, au total, heureux ou malheureux ?

Le second tourment d'Henri Brulard, c'est qu'il va bientôt disparaître. Ce Moi qu'il aime, ce Moi bizarre et fort qui devrait pourtant intéresser les autres hommes, va se dissoudre et s'anéantir : personne ne saura plus ce qu'il était... Il ne peut abolir cet instinct de survie qui est le tourment de tous ceux qui pensent, et qui fonde les métaphysiques et les religions ; et il ressemble malgré lui à ces frustes voyageurs qui, avant de quitter la forêt, le château, ou l'église, gravent leur nom sur l'écorce des chênes, sur le platras des murs, ou sur les ardoises du clocher. Mais cet instinct, il le fait dévier au profit de son Égotisme, plus fort que la mort. Car il ne demande pas que survive son âme, ou sa raison, ou son ombre heureuse, mais l'image éclatante de son Moi.

Alors il se met au travail : pour qu'il se connaisse enfin, pour que les générations successives regardent son portrait et l'admirent, il reprendra la masse des souvenirs qu'il a notés au jour le jour, les fondra en une seule œuvre, composera une *Vie d'Henri Brulard* qui deviendra, si l'avenir l'accepte, son monument éternel.

Il se peint avec amour, avec passion, choisissant les couleurs les plus vives pour résister au temps. La besogne est malaisée ; à chaque instant la vanité intervient pour embellir les traits, chassons cette menteuse ; la mémoire, cette paresseuse, se refuse à fournir les dates, ou même les faits : forçons-la.

Seulement, Henri Brulard n'est plus frais. « Moi, disait-il, je compte passer la vieillesse s, j'y arrive, à écrire l'histoire d'un être que j'aimaii et à dire des injures à ceux que je n'aime pas. » Ainsi fait-il, sans s'apercevoir qu'il prête au petit Grenoblois de la rue des Vieux-Jésuites, qu'il veut d'abord ramener au jour, toutes les passions et toutes les rancœurs de son âge aigri. L'image qu'il lègue, admirable grâce à l'art du peintre, et inexacte malgré sa sincérité, est celle d'un petit garçon au jugement décisif, à l'imagination salie, toujours partagé entre l'amour et la fureur.

Tandis qu'Henri Brulard s'applique, et suit le jeune Beyle jusqu'à son entrée à Milan, un doute le saisit. Quand il sera mort, le manuscrit auquel il confie le tout de son être, sa vie et sa survie, écrit d'une écriture si parfaitement illisible qu'aucun indiscret ne pourra le lire, échappera-t-il à la destruction, à l'oubli ? Les gens qui passeront sous les galeries du Palais Royal, lorsque l'auteur dormira dans le cimetière de Civita Vecchia, ou de Rome, s'arrêteront-ils pour regarder à l'étalage des libraires la *Vie d'Henri Brulard* ? Hélas ! il voudrait en être plus sûr ; car il écrit :

« Je lègue et donne le présent volume à M. le chevalier Abraham Constantin (de Genève), peintre sur porcelaine. Si M. Constantin ne l'a pas fait imprimer dans les mille jours qui suivront mon décès, je lègue et donne ce volume successivement à MM. Alphonse Levavasseur, libraire, n° 7, place Vendôme ; Philarète Chasles, homme de lettres ; Henri Fournier, libraire, rue de Seine ; Paulin, libraire ; Delaunay, libraire ; et si aucun de ces messieurs ne trouve son intérêt à le faire imprimer dans les cinq ans qui suivront mon décès, je laisse ce volume au plus âgé des libraires habitant dans Londres, et dont le nom commencera par un C. »

C'est une bouteille à la mer.

Mais il ne faut pas qu'il doute ; les jeux sont faits, il a placé sa dernière mise. S'il doute, il ne lui reste plus rien. Il a dédaigné la mode. le succès facile, la pratique d'un style ampoulé qui séduit les lecteurs ; il sait que ses contemporains refusent de le comprendre. Son anéantissement total, ou son immortalité, dépendent d'un public encore à naître. Alors il affirme : « Je serai lu vers 1880 ; je serai lu vers 1900 ; je serai lu vers 1935.» Car il recule toujours la date, pour se donner plus de marge ; et il répète de toute sa voix son affirmation orgueilleuse et désespérée, comme un homme qui crie parce qu'il a peur.

CHAPITRE V

« Tout a coup on ne souffre plus,
l'instant est passé, on est mort. »

Henri Beyle au Comte Cini, à Rome.

Paris, 29 mars 1837.

Vos lettres sont charmantes, mon cher Comte. Rien de plus clair et de plus amusant. Je dicterai un de ces jours une longue lettre, mais un ami partant dans une heure pour Marseille, je veux vous donner signe de vie.
Nous avons eu un temps infâme depuis le 2 septembre jusqu'à ce jour. A cela près Paris est un séjour divin. Rien ne peut égaler en munificenee le bal des Tuileries. L'enfilade des salons enluminés est longue comme six fois la façade du palais Chigi sur la place. Quant au prix de la vie, une chambre superbe avec deux cabinets dans les quartiers à la mode, 65 francs ; frais de cirages, bottes, etc, 12 francs ; dîner, 5 francs ; déjeuner, 2 francs. Mes amours ressemblent beaucoup à Madame Martini qui était à Rome il y a deux ans et me coûtent 120 francs

*par mois. Il est vrai que je ne prétends pas à une fidé
lité miraculeuse...*

Ma foi oui : nous sommes en pleine résurrection ;
adieu les pensées funèbres. Au mois de mai 1836,
nous avons obtenu un congé ; et comme le comte
Molé a repris le pouvoir, nous avons fait comme
sainte Élisabeth, qui était venue pour une journée,
et qui resta six mois. Trois années de Paris, trois
années de plaisir.

Irons-nous ce soir à l'Opéra ? à la Comédie
Française ? Une pauvre petite mendiante de dix-
huit ans, fort maigre, qui joue la tragédie comme
si elle inventait ce qu'elle dit, excite l'admiration
des Parisiens, qui se battent aux portes pour l'entendre : le théâtre fait six mille francs de recettes,
lorsque joue Mademoiselle Rachel. Irons-nous aux
Variétés ? Des bayadères sont arrivées de l'Inde
pour nous charmer. Irons-nous dans le monde ?
A cette vente de charité pour les Polonais, où les
comptoirs sont tenus par les plus jolies femmes de
chaque nation ? Chez Madame Judith Gautier,
l'aimable Jules, pour qui nous avons tendresse de
cœur ? Préférerons-nous la mauvaise compagnie ?
La société des danseuses est la moins triste, par
conséquent la meilleure. Abondance de merveilles ! hésitation entre tous les plaisirs possibles,
qui est à elle seule une volupté ! Nous pouvons
visiter la province, et pousser jusqu'à Londres
si la fantaisie nous en prend ; nous sommes libres.
Le travail dont on nous a chargé, au ministère,

afin de justifier notre présence à Paris et de nous permettre de toucher la moitié de notre traitement, est si léger, si léger, que nous ne sentons pas la chaîne ; nous revivons.

Les vieux amis sont retrouvés, Clara, Mareste, Colomb, Di Fiore ; un peu défraîchis, un peu malmenés par l'âge ; mais portant gaillardement leurs années, comme on fait à Paris. Mareste est quinteux; Colomb a la tête écarlate, et s'il ne met des sangsues, il aura une congestion. Di Fiore ressemble toujours à un Jupiter Mansuetus, mais empâté ; il est devenu trop gras pour un ancien condamné à mort. Tous reçoivent l'exilé à bras ouverts, reprennent leurs conversations avec lui comme s'il les avait quittés la veille, se serrent pour lui rendre sa place à leurs dîners fins, organisent des parties de campagne : rendez-vous général dimanche midi, devant l'horloge de la rue Taitbout ; et en route pour Meudon. Clara s'est beaucoup poussé dans le monde, et connaît dix mille personnes : entre autres une Espagnole, la comtesse de Montijo, laquelle a deux espiègles filles, Eugenia et Paquita : Eugenia est la plus jolie. Clara leur présente Henri Brulard, qui devient l'ami de la maison et les fait sauter sur ses genoux.

— « Racontez-nous de belles histoires », lui disent-elles.

— « C'était à Wagram. Le colonel commandant le sixième dragons s'écria : Faites sonner la charge ! Alors chaque cavalier assujettit son casque... »

Ou bien :

— « A Görlitz, le petit Caporal me prit par l'oreille... »

Car c'est toujours Napoléon qu'elles veulent ; et il leur raconte Napoléon. Un soir, il leur apporte une image qui représente la bataille d'Austerlitz ; alors elles regardent, admiratives, le beau soleil rouge qui fait reluire les canons et les sabres, et qui entoure d'une auréole le visage de l'Empereur.

Civita Vecchia n'est plus qu'un mauvais rêve. La nouvelle arrive que Lysimaque a forcé la serrure de la chambre du consul, regardé ses papiers, volé ses chemises : ah ! le chenapan ! Mais cela n'a pas grande importance : la perspective est changée. Avouons même qu'il est doux de vivre loin de ce coquin, et que ses méfaits pimentent le plaisir de séjourner à Paris. Au reste, Henri Brulard continue à médire des Parisiens, gens trop civilisés, gens privés d'énergie ; les Parisiens l'écoutent en souriant, et tout le monde est heureux.

Sa méthode de travail était singulière : il était capable d'écrire, ou mieux de dicter, pendant plusieurs heures de suite : cinq heures, et même six. Mais le soir, il lui fallait une interruption totale, un oubli absolu de ce qu'il venait de composer ; une distraction si forte, que sa pensée en fût renouvelée. Le lendemain, il relisait ou se faisait relire les dernières lignes de l'œuvre commencée, et repartait sur nouveaux frais. Les salons, les théâtres, les promenades, les rencontres, les causeries, lui fournissent le divertissement souhaité : de sorte qu'il se remet à produire d'abondance. C'est l'effet de l'air de Paris.

Les pages succèdent aux pages ; la chambre de l'hôtel Favart devient une officine, où s'entassent manuscrits et placards. Puisque les voyages sont à la mode, et que les romantiques s'avisent de découvrir la France, va pour les *Mémoires d'un Touriste*. C'est une corvée de librairie, maigrement payée — 1.560 francs : mais quand on recommence à vivre, il n'y a plus de corvées, il n'y a que des amusements. Il invente un commis-voyageur, marchand de fer, cousin du marchand de bonnets de coton qui scandalisait jadis Madame Ancelot, le lance dans le pays que les nigauds appellent la belle France, et dit leur fait aux Lyonnais, aux Marseillais,. aux Bordelais, aux Poitevins, aux Bretons, aux Normands, bref à tout ce peuple absurde qui habite entre la Belgique et l'Espagne. Il décrit les paysages, salue avec amitié les églises, les tableaux, les statues, joie du monde ; il jette à pleines mains ses idées sur la religion, la politique, les mœurs, et sur toute l'humanité, bizarre espèce ; et comme il est pressé, il prend aux anciens et aux modernes, aux amis et aux ennemis, aux vivants et aux morts... — Halte-là, dit l'éditeur ; je n'ai jamais vu d'écrivain aussi fécond ; je lui demande deux volumes, il veut m'en donner trois pour le même prix ; où s'arrêtera-t-il ? Le commis-voyageur fut obligé de supprimer des chapitres, pour réduire son œuvre à des proportions commerciales. Quand

il la vit imprimée, il n'en fut qu'à moitié content :
et le public, pas du tout.

Mais pour la *Chartreuse de Parme*, écrite du
même élan fougueux, ce fut une autre affaire.
D'abord l'éditeur déboursa 2.500 francs : le ther-
momètre montait. Et puis tout l'argent du monde
n'y aurait rien fait : c'était un livre selon son
cœur. Comme il l'aimait, ce roman où il avait une
fois encore répété son hymne à la vie, mais sur
un mode plus poétique et plus ému ! Avec quelle
tendresse il lui avait confié ses plus précieux souvenirs ! Comme elle s'achevait en beauté, son
Italie ! Avec quelle grâce et quelle fierté Fabrice,
son héros, réalisait ce qui était pour lui l'idéal de
l'homme ! Comme la Gina et la Clelia, l'une ardem-
ment, l'autre tendrement éprise, incarnaient à elles
deux la femme qu'il n'avait pas trouvée de par le
monde ! — Peut-être le public se montrerait-il
rebelle, c'était son habitude. Mais les *happy few*
chériraient sans doute ce livre écrit pour eux...

.*.

Le comte Molé ayant cessé d'être ministre,
Civita Vecchia ne put se passer davantage de son
consul : et Stendhal reprit, l'oreille basse, la route
de l'exil.

Elles le connaissaient bien, les routes, routes
d'Allemagne, d'Autriche, et de Russie ; routes
d'Angleterre ; routes de Suisse, d'Italie et de
France. Elles l'avaient vu passer souvent, les routes

de plaine et de montagne, les routes plantées
d'ormeaux, les routes droites au milieu des rizières,
les routes encadrées de vignes et d'oliviers, et les
routes de la campagne romaine, où veillent les
tombeaux. Il leur appartenait en quelque manière,
ce curieux, cet errant, ce mal fixé. Mais jamais elles
ne le virent plus las, plus morose, ou plus lent,
qu'au cours de cet avant-dernier voyage. Il partit
au mois de juin ; il arriva au mois d'août.

*A M. le Maréchal Soult, ministre des Affaires étran-
gères, à Paris.*

Civita Vecchia, le 10 août 1839.

Monsieur le Ministre,

*D'après les ordres de Votre Excellence, j'ai repris la
gérance du consulat de Civita Vecchia, aujourd'hui
10 août. Je serais arrivé plus tôt, mais j'ai été retenu
d'abord à Gênes, puis à Livourne par des accès de goutte.*

*Je vous prie de vouloir bien agréer, Monsieur le
Ministre, etc.*

Henri BEYLE.

* *
* *

Or voici la grande joie, l'ivresse longuement
souhaitée ; voici la gloire.

La gloire vient à lui, le cherche, et l'appelle. Il
avait repris le cours ordinaire de sa vie, n'attendant
plus rien ; il avait retrouvé les bureaux du con-

sulat, Lysimaque qui avait pris de l'importance et
sollicitait la Légion d'honneur : pourquoi pas ?
Il avait retrouvé Rome, le palais Caetani, le palais
Cini ; et changeant encore une fois de domicile,
il avait transporté ses livres et ses hardes dans
le quartier des étrangers, au numéro 43 de la Via
Condotti, presque à l'angle du Corso : on pouvait
voir passer les gens. L'ami Constantin n'avait pas
changé, à ceci près qu'il s'était mis en tête de
devenir auteur, et de publier chez Vieusseux, à
Florence, un livre intitulé : *Idées italiennes sur
quelques tableaux modernes.* Il voulait de beau
papier, de beaux caractères : Henri Brulard, qui
voulait quelque chose de plus, se mit à corriger les
épreuves, à refaire les phrases, à remanier les chapitres ; si bien que peu à peu, le livre n'était plus
l'œuvre de Constantin, mais la sienne. La Villa
Médicis avait changé de directeur ; à Horace
Vernet avait succédé M. Ingres : Horace Vernet
valait mieux. Les pensionnaires, toujours aussi
peu respectueux pour les hommes d'âge. Les
fouilles ; onze statues antiques plus grandes que
nature, la plupart fort belles, et toutes remar-
quables par la façon hardie dont le marbre a été
attaqué, trouvées par un paysan dans sa vigne de
Cervetri : le gouvernement français devrait acheter
ces statues, s'il avait le moindre esprit d'à-propos.
Des vases étrusques, des pierres gravées, des
médailles : ah ! si ces beaux antiques, si simples, si
purs, pouvaient guérir les Parisiens de leur goût
pour les keepsakes et les lithographies ! Achat d'un

fusil ; la chasse ; c'est comme pour la chasse **au** bonheur : on tue quelques alouettes, et on manque le gros gibier. Et c'eût été la même existence, en somme, les mêmes distractions, le même vide, si le bateau de Marseille n'avait apporté à Civita Vecchia, au mois d'octobre 1840, le plus éclatant témoignage de la gloire naissante de Stendhal. Balzac, ce Maître et ce Juge, avait consacré soixante-dix pages de sa *Revue parisienne* à l'étude de la *Chartreuse de Parme* ; et Balzac déclarait que la *Chartreuse* était le plus grand roman du siècle : un chef-d'œuvre. Un chef-d'œuvre... Balzac vantait l'immense talent de l'auteur, son originalité, sa force ; Balzac évoquait à son propos les noms de Machiavel, de La Rochefoucauld, de Walter Scott, de Byron, de Corneille, de Shakespeare. « Ce que le génie du roman moderne a inventé de plus puissant », disait-il.

Avec quel tremblement de joie Stendhal lisait les pages enthousiastes qui appelaient la lumière sur son nom ! Justice lui était rendue : son œuvre allait passer à la gloire, à la gloire. C'en était fait : consacré par Balzac, il connaîtrait la volupté d'être lu, admiré, montré du doigt ; il vivrait dans la postérité. Du moins n'avait-il plus qu'un effort à faire : car le critique mettait une réserve à son admiration. « Le côté faible de cette œuvre est le style... M. Beyle est négligé, incorrect... Sa phrase longue est mal construite, sa phrase courte est sans rondeur... Je souhaite que M. Beyle soit mis à même de travailler, de polir la *Chartreuse de*

Parme, et de lui imprimer le caractère de perfection, le cachet d'irréprochable beauté que MM. de Chateaubriand et de Maistre ont donné à leurs livres chéris... » Un pas à franchir, un seul, pour atteindre le plus haut sommet.

Ce fut vers ce temps-là qu'il s'aperçut d'un fait surprenant : tout d'un coup, les mots français lui manquaient. Il ne pouvait plus dire, par exemple : *Donnez-moi de l'eau*. Il pouvait marcher, s'asseoir, se coucher, s'habiller, continuer les actes de sa vie : mais trouver un mot, un seul mot, impossible. Ces accès duraient de huit à dix minutes, et le laissaient épuisé. Quelquefois aussi, une expression se dérobait, les autres continuant à venir à son appel. Un soir qu'il dînait dans une osteria, avec Constantin, il fit des efforts incroyables, et vains, pour trouver le mot *Verre*. Depuis six mois, il souffrait de violentes migraines, et d'une lourdeur de tête presque continuelle.

En outre, quatre ou cinq fois par jour, des étouffements le prenaient. A l'exposition que les pensionnaires de la Villa Médicis organisent chaque année, regardant un amour en marbre qui faisait le geste de se couper les ailes, il pensa étouffer net. Des étourdissements, aussi ; les murs tournaient, les trottoirs vacillaient ; ou dans sa chambre, sa table à écrire se dérobait sous lui.

Les médecins donnèrent des avis différents : celui-ci voulait le traiter par l'homéopathie ; cet autre lui expliquait que comme sa goutte ne lui descendait plus aux pieds, elle se portait à la tête.

naturellement. Les célébrités romaines furent consultées ; et l'illustre docteur allemand, de passage dans la ville ; et le médecin particulier de Sa Sainteté. On le saigna largement : huit saignées, neuf saignées ; après quoi la goutte prit le parti de ne plus lui monter à la tête. Mais sa langue restait épaisse, et il bredouillait.

La gloire avait été trop lente ; la mort voulait la devancer. Il l'attendait. Il était seul et sans secours ; à part l'excellent Constantin, qui lui disait qu'il avait connu beaucoup de gens atteints du même mal, et aujourd'hui parfaitement guéris, il n'avait aucun de ces doux alliés qui aident à affronter l'ennemie. Personne qui l'aimât ; personne à aimer, sauf deux chiens qu'il avait adoptés par besoin de tendresse. La grosse servante Barbara, qui faisait son ménage, lui volait tout ce qu'elle pouvait, même ses bottes : il n'osait rien lui dire, et la ménageait ; car il aurait peut-être besoin d'elle, au moment où l'on invoque, dans un cri d'angoisse, un témoin pitoyable qui vous aide à franchir le grand passage obscur.

Mais il ne trembla pas ; il ne baissa pas les yeux. « Je me suis colleté avec le néant », disait-il après un accès. Le néant : il n'attendait pas autre chose.

Un des meilleurs portraits qu'il ait tracés de lui-même, et l'un des moins connus, se trouve dans un roman qu'il a ébauché sans le finir, et qui devait s'appeler *Une position sociale* :

M. Roizand. Du caractère en apparence le plus changeant, un mot parfois l'attendrissait jusqu'aux larmes. D'autres fois, ironique, dur par crainte d'être attendri et de se mépriser ensuite comme faible. Pour accomplir les réformes, le sang (en théorie) ne lui eût rien coûté. C'était un homme assez grand de plus de quarante ans ; ses traits étaient grands, point beaux, mais extrêmement mobiles. Ses yeux exprimaient les moindres nuances de ses émotions, et c'est ce qui mettait son orgueil au désespoir. Lorsqu'il craignait ce malheur, il était brillant, amusant, rempli des saillies les plus imprévues, il électrisait ses auditeurs et rendait le baillement impossible dans la salle où il se trouvait ; dans ces moments, il inspirait les aversions les plus vives ou des transports d'admiration. « Il est impossible de se montrer plus brillant et plus homme d'esprit, » disaient ses admirateurs. Mais la vivacité et l'imprévu de ses saillies effrayaient les gens médiocres et lui valaient bien des ennemis. Lorsqu'il n'avait pas d'émotion, il était sans esprit, il n'avait pas de mémoire, ou dédaignait de l'appeler à son secours. Sa parole, alors, était aussi discrète que l'expression de sa physionomie l'était peu. Son orgueil aurait été au désespoir de laisser deviner ses sentiments. Un mot touchant, une expression juste du malheur entendue dans la rue, surprise en passant dans une boutique d'artisan, l'attendrissaient jusqu'aux larmes. Mais s'il y avait la moindre pompe, la moindre possibilité d'affectation dans l'expression d'une douleur, quelque légitime qu'en fût le motif, il n'y avait plus que l'ironie la plus piquante dans les regards et dans les mots de Roizand...

Or Roizand, secrétaire d'ambassade à Rome.

commence à s'éprendre de la duchesse de Vaussay, qui ne cesse d'être tourmentée par la pensée de la mort. Inquiète, anxieuse et fervente, elle tremble de comparaître devant la justice divine. Et Roizand ne la comprend pas, c'est un ordre de sentiments dans lequel il lui est impossible d'entrer. Il comprend, il aime tout ce qui est dans les limites de la vie, et ne conçoit rien au delà. L'idée que la mort puisse être un commencement est incompatible avec la nature de son esprit : pour Roizand, la mort est un terme au delà duquel rien n'existe, et qu'on franchit le plus naturellement du monde : à peine s'en aperçoit-on. Aux cris d'angoisse de madame de Vaussay, il réplique :

« Mais, Madame la duchesse, la mort est un mot vide de sens pour la plupart des hommes. Ce n'est qu'un instant, et en général on ne le sent pas. On souffre, on est étonné des sensations étranges qui surviennent, et tout à coup on ne souffre plus, l'instant est passé, on est mort. Avez-vous jamais passé en bateau sous le pont Saint-Esprit, qui traverse le Rhône près d'Avignon ? On en parle beaucoup à l'avance, on a peur, enfin on l'aperçoit devant soi à une certaine distance ; tout à coup le bateau est saisi par le courant et en un clin d'œil, l'on voit le pont derrière soi. »

L'heure de l'épreuve le trouva fidèle à cette conviction profonde, fidèle aux principes qui avaient dirigé sa vie, et courageux toujours. Il avait accepté son être avec une sorte de fatalisme lucide : « Qu'est-ce que le moi ? Je n'en sais rien. Je me suis un jour réveillé sur cette terre ; je me trouve lié à un corps, à un caractère, à une fortune. Irais-je m'amuser vraiment à vouloir les changer, et cependant oublier de vivre ? Duperie... » Ce même fatalisme à la fois instinctif, raisonné et volontaire, où il entre je ne sais quel calme désespoir, fut son recours contre les angoisses de la mort ; et c'est ainsi que sans se démentir, Henri Brulard l'épicurien vit approcher ses derniers jours.

Non pas sans un ressaut d'énergie. Après avoir passé par Genève pour consulter le docteur Prevost, il revint à Paris, le 8 novembre 1841. Il allait mieux : on le revit sur le boulevard, au Café Anglais ; il reprenait ses projets littéraires ; le 21 mars 1842 il écrivait au directeur de la *Revue des Deux Mondes* qu'il acceptait ses conditions, pour publier dans la revue d'abord, et ensuite en volumes, ses contes et ses romans à venir. Le 22 mars, à sept heures du soir, sur le trottoir de la rue Neuve des Capucines, devant la porte du ministère des Affaires étrangères, il tomba, frappé d'apoplexie. Il avait dit, un an plus tôt : « J'ai assez bien caché mon mal ; je trouve qu'il n'y a pas de ridicule à mourir dans la rue, quand on ne le fait pas exprès... » On le porta chez lui, c'est-à-dire à son hôtel ; il ne reprit pas connaissance, et mourut à deux heures du matin.

Colomb estima qu'il fallait faire les choses en règle, et prit soin qu'un service funèbre fût célébré, à l'église de l'Assomption. Pour Henri Beyle brûlèrent les cierges, symboles de l'éternelle lumière ;

pour Henri Beyle retentirent les prières qui, du fond de l'abîme, crient vers le Seigneur ; son cercueil fut placé sous le signe de la croix.

*
* *

Romain Colomb à M. Sutton Sharpe
à Londres.

Monsieur,

J'ai appris hier par M. Mérimée votre présence à Paris... Si, dans vos promenades, vous vouliez visiter le dernier asile de notre pauvre ami, au cimetière Montmartre, vous trouveriez le petit monument sous lequel il repose au rond point de la Croix, quatrième ligne, numéro onze, avec l'épitaphe en italien composée par lui.

Veuillez bien agréer, Monsieur, l'assurance de mes sentiments les plus distingués,

R. Colomb.

TABLE DES MATIÈRES

PREMIÈRE PARTIE

LES ANNÉES D'APPRENTISSAGE D'HENRI BEYLE

DEUXIÈME PARTIE

STENDHAL, L'ÉGOTISTE

TROISIÈME PARTIE

HENRI BRULARD

ACHEVÉ D'IMPRIMER
LE 9 MARS 1928
PAR F. PAILLART A
ABBEVILLE (SOMME)

DANS LA MÊME COLLECTION

Déjà parus :   LA VIE DE

FRANZ LISZT
par Guy de Pourtalès

TALLEYRAND
par Jacques Sindral

LAZARE HOCHE
par Georges Girard

MONTAIGNE
par Jean Prévost

HENRI IV
par Pierre de Lanux

HOFFMANN
par Jean Mistler

CHOPIN OU LE POÈTE
par Guy de Pourtalès

DISRAËLI
par André Maurois

DICKENS
par G. K. Chesterton

CYRANO DE BERGERAC
par Louis-Raymond Lefèvre

STENDHAL
par Paul Hazard

DELACROIX
par Pierre Courthion

GŒTHE
par Jean-Marie Carré

ALEXANDRE DUMAS PÈRE
par J. Lucas-Dubreton

BARON LOUIS
par C. J. Gignoux

FERNAND CORTÈS
par Jean Babelon

BEAUMARCHAIS
par René Dalsème

En préparation : LA VIE DE

LA FAYETTE
par Jacques Kayser

VOLTAIRE
par Thibaudet

MARÉCHAL DE RICHELIEU
par Robert Honnert
et Marcel Augagneur

CAZOTTE
par Roger Allard

BAUDELAIRE
par Edmond Jaloux

COBBETT
par G. K. Chesterton

JEAN RACINE
par Jacques de Lacretelle

PHILIPPE II
par Jean Cassou

W. WALTER SAVAGE LANDOR
par Valery Larbaud

MOZART
par J. Cocteau et L. Laloy

A. DE VIGNY
par François Le Grix

MAZARIN
par Benjamin Crémieux

RIVAROL
par Eugène Marsan

MARC-AURÈLE
par Drieu la Rochelle

LA ROCHEFOUCAULD
par L. Martin-Chauffier

MOLIÈRE
par Ramon Fernandez

DENIS DIDEROT
par Maurice Martin du Gard

MOÏSE
par Edmond Fleg

ALCIBIADE
par Mario Meunier

MATHURIN REGNIER
par Fernand Fleuret

VERCINGÉTORIX
par Henri Pourrat

LADY HAMILTON
par François Fosca

CHARLES-QUINT
par Lucien Romier

MARQUIS DE SADE
par Maurice Heine

DESCARTES
par Paul Valéry